职场中的战国策

刘飞 著

知识产权出版社
全国百佳图书出版单位

图书在版编目（CIP）数据

职场中的战国策 / 刘飞著. —北京：知识产权出版社，2018.5
ISBN 978-7-5130-5557-4

Ⅰ.①职… Ⅱ.①刘… Ⅲ.①《战国策》－应用－企业管理－通俗读物 Ⅳ.①F272-49

中国版本图书馆CIP数据核字（2018）第093952号

内容提要

本书以西汉刘向《战国策》为基础，在史实的基础上适度演绎，生动鲜活地呈现战国时期的一些重大事件；结合《战国策》中的典故，映射现实职场，并提出建设性的职场问题解决策略。

责任编辑：李　娟　　　　　　　　　　责任印制：孙婷婷

职场中的战国策

ZHICHANG ZHONG DE ZHANGUOCE

刘　飞　著

出版发行：**知识产权出版社** 有限责任公司	网　址：http://www.ipph.cn
电　话：010-82004826	http://www.laichushu.com
社　址：北京市海淀区气象路50号院	邮　编：100081
责编电话：010-82000860转8689	责编邮箱：lijuan1@cnipr.com
发行电话：010-82000860转8101	发行传真：010-82000893
印　刷：北京中献拓方科技发展有限公司	经　销：各大网上书店、新华书店及相关专业书店
开　本：720mm×1000mm　1/16	印　张：13.75
版　次：2018年5月第1版	印　次：2018年5月第1次印刷
字　数：170千字	定　价：39.00元
ISBN 978-7-5130-5557-4	

前　言

亮晃晃几页史书，乱纷纷万马逐鹿，雄赳赳一代圣贤，野茫茫合纵连横。

诸子百家，百家争鸣，战国时代的天空，群星璀璨！这是中国思想、文化空前繁荣的一个时期，也是学术发展的黄金时代。"百家思想"共同构筑了中华民族传统文化的基本精神，并且在2000多年的历史进程中，不断被继承、充实、改造、吸收、转换，深深影响着中国人的伦理观、道德观、价值观。即便你从未翻阅过诸子百家的典籍著作，甚至都不知道他们有哪些名言逸事，但这并不妨碍思想文化的传承接续，因为其早已融入了中国人的血液之中，随繁衍生息流淌至今，依然影响着当下每一个中国人的思维、行为。诸子百家为中国人镌刻了一幅精妙绝伦的思想地图，按图索骥，你总能找到破局解困的路径和方向。

国别体史学著作《战国策》，记载历史跨越240年，分12策、33卷、497篇，记载了战国时期西周、东周、秦、齐、楚、赵、魏、韩、燕、宋、卫、中山各国的历史。其内容以战国时期纵横家的游辩事迹为主线，展现了诸多精妙绝伦的奇谋忠言，也使后世从中提炼出了大量脍炙人口、寓意深远的成语、典故，对于当下的生活、工作裨益良多。

企业之间的竞争合作，堪比2000年前的金戈铁马、诸侯纷争；

企业之间的人才流动，亦如战国时代的士无常君，国无定臣；

企业内部的人事纠葛，在列国君臣、朝堂之中亦能找到对应；

企业内部的改革创新，丝毫不亚于一场惊心动魄的变法图强。

二〇一七年九月三十日·西安

目录

contents

01 三家分晋

公元前403年，周威烈王正式任命韩虔、赵籍、魏斯为诸侯，史称"三家分晋"。这一年被历史学家定义为春秋与战国的分界线，也就是说，在这一年中国历史进入了东周战国时期。而三家分晋并不是在这一年完成和终结的，它经历了一个漫长的过程。确切地讲：晋国的分裂是经历了"6-2=4"的六卿火拼、"4-1=3"的晋阳之战、"3：1=3"的三家分晋这三个阶段。

"6-2=4"的六卿火拼。狭义上的晋国六卿指的是自公元前546年—公元前497年，在晋国出现的范、中行、智、韩、赵、魏6个世袭卿族。六卿共主国政，专擅晋权，这也是最经典的六卿模式。晋国不断地经历着公卿相争，一些实力较弱的公卿慢慢地退出了历史舞台。公元前479年，智、魏、韩、赵四大氏族联合消灭了范、中行两家后，晋国大权落入智氏家族。

"4-1=3"的晋阳之战。做大的智氏家族妄图消灭韩、赵、魏而独霸晋国，于是联合韩、魏攻赵。在最关键的晋阳之战中，赵成功策反韩、魏两家，灭掉了智氏家族，晋国的大权又落入韩、赵、魏3家。

"3：1=3"的三家分晋。分享了晋国实际控制权的韩、赵、魏，不再满足屈尊于晋国国君之下，他们进一步蚕食着晋国国君的公室领地，只留给当时晋国名义上的国君晋幽公很小的一点领地，算作是没有最后撕破君臣名分。到了公元前403年，韩、赵、魏3家公然向周天子要求，承认他们为诸侯，不再蜗居在公卿的位子上。周威烈王答应了，无条件地答应，昭告天下。自此，韩、赵、魏3家成了与老上级晋国国君具有平等法律地位的诸侯。公元前376年，韩、赵、魏再也按捺不住焦急贪婪的心，3家抢夺了晋国最后一任国君晋静公那点少得可怜的地盘，彻底让晋国成了永远的记载，只能活在人们的记忆当中了。

　　历史就是历史，已无法改变。但是历史背后留下来的信息，却是可以揣摩和思索的。

　　晋国，曾经位列春秋五霸之一。与其余"四霸"有点儿不太一样的是，齐、秦、楚、宋分别称霸于齐桓公、秦穆公、楚庄王、宋襄公执政时期，随着四位雄才大略的诸侯国君死去，4国的霸主地位也就不复存在了。而晋国霸业却延续了百年之久——晋文公称霸、晋襄公和晋灵公续霸、晋景公图霸、晋悼公独霸。一部春秋史半部讲晋国，晋国的存亡成了2500年前中原大地上最重要的事情，"晋存则礼乐秩序尚存，晋亡则礼乐秩序并亡"。齐、秦、楚、宋，包括吴、越、郑等其他一些区域性强国，基本上都是在列国纷争中被别国兼并而灭亡，唯独晋国没有被外部的强敌击垮，却亡于内耗。

【职场映射】

　　晋国，无疑是春秋战国时期最大的政治家、军事家的培养基地，它培养出了战国七雄中的三雄。本来完全有机会取代周王室而一统天下，却落得个三家分晋的结局。当下众多的企业，是不是该从晋国的历史中看到一些警示呢？

　　企业之中的内耗是怎样产生的？利益驱使！人都会考虑自身的利益，无论职务晋升机制设立得多么规范，绩效考核体系编制得多么严谨，奖惩规章制定得多么详尽，都只是在程序层面做到了公平、公正，但却改变不了人趋利避害的本性。

有人的地方就有江湖，江湖之中必然会产生恩怨，人们需要感情、利益做纽带和寄托，才能达到阶段性的平衡，平衡就要有妥协，妥协才能海阔天空，一派和谐景象。在这种其乐融融的氛围中，类似于"三家分晋"瓜分企业所有权的情况似乎并不常见，也很难实现。但是企业的分裂却并不会局限在所有权这一个点上：高管的离开，可能会带走一支团队；业务骨干的离开，可能会带走核心技术；市场人员的离开，可能会带走一批客户……这不正是一种变相的"三家分晋"吗？

一个企业的领导，最关键的角色是原则、底线的维护者。晋国的国君没有做好这项工作，把自己给废了；周天子没有做好这项工作，把天下给乱了。晋国国君要是在那些公卿王侯火拼时，能及时制止，也不至于国破家亡。所以当领导的人，不坚持和维护自己组织的原则与底线，就只能像这样慢慢地让矛盾发展扩散，最终整垮企业。

而领导想要维护原则和底线，靠的是什么呢？是实力、魄力。

企业之中既然避不开纷争，那就只能有一个派系可以做大做强——领导派。领导者必须打造自己的班底，以挤压其他细枝末节的生存和发展空间。我们经常能听到企业中有元老派、新人派、海归派、本土派等说法，这和晋国六卿共主国政极为相似。晋国国君就是放任了六卿，而让自己变成孤家寡人。所以，不管出现多少种派系，领导者必须站在有利于企业发展、最大限度平息纷争的角度，去解决问题。

派系产生一方面是派系首领手上有人权、财权，可以通过升职、加薪、裁员等手段形成自己的势力；另一方面是因为部分企业成员间，在某一个问题或领域中形成了心理上的共同认知和默契。前一种叫作利益驱动的派系，后一种叫作心理趋同的派系。

消除第一种派系的方法——领导者必须通过对核心资源的掌控和调配，形成自己的管理实力。对于中小企业而言，人权、财权必须掌握在领导者的手上，或者领导者信任的人手上；对于集团化或规模较大的企业，必须分层级进行管控，不能让权力过度集中于一个或几个管理者的手中。要在相互制衡和监督的基础上，进行授权或放权，并建立责任追溯机制。

消除第二种派系的方法——领导者必须有人事取舍和统一思想的魄力。许多成功的企业，领导者都是出色的内部演说家，能够通过各种形式，将自己的理念、思维灌输给全员，至少要在管理层中保持高度的一致性。对于那些功高震主、不听指挥、不懂规矩的一方诸侯，要有敢于忍痛割爱的魄力。一时的阵痛总比长久的纷乱和内耗要好得多。同时，关键岗位的人事调整，也是在给全员传递一种派系区格的信息：利企者留、乱企者走！

02 颜率守九鼎

【原文】东周策·秦兴师临周而求九鼎

秦兴师临周而求九鼎，周君患之，以告颜率。颜率曰："大王勿忧，臣请东借救于齐。"颜率至齐，谓齐王曰："夫秦之为无道也，欲兴兵临周而求九鼎，周之君臣，内自画计，与秦，不若归之大国。夫存危国，美名也；得九鼎，厚实也。愿大王图之！"齐王大悦，发师五万人，使陈臣思将以救周，而秦兵罢。

齐将求九鼎，周君又患之。颜率曰："大王勿忧，臣请东解之。"颜率至齐，谓齐王曰："周赖大国之义，得君臣父子相保也，愿献九鼎。不识大国何途之从而致之齐？"齐王曰："寡人将寄径于梁。"颜率曰："不可。夫梁之君臣欲得九鼎，谋之晖台之下、少海之上，其日久矣。鼎入梁，必不出。"齐王曰："寡人将寄径于楚。"对曰："不可。楚之君臣欲得九鼎，谋之于叶庭之中，其日久矣。若入楚，鼎必不出。"王曰："寡人终何途之从而致之齐？"颜率曰："弊邑固窃为大王患之。夫鼎者，非效醯（xī）壶酱甀（zhuì）耳，可怀挟提挈以至齐者；非效鸟集乌飞、兔兴马逝，漓然止于齐者。昔周之伐殷，得九鼎，凡一鼎而九万人挽之，九九八十一万人，士卒师徒，器械被具，所以备者称此。今大王纵有其人，何途之从而出？臣窃为大王私忧之。"齐王曰："子之数来者，犹无与耳。"颜率曰："不敢欺大国，疾定所从出，弊邑迁鼎以待命。"齐王乃止。

【典故演绎与职场映射】

春秋战国是一个动荡却又孕育着生机、破坏而又追求重塑的大变革时代。就在三家分晋的硝烟和纷乱刚刚散去不久，西边的秦国，通过商鞅变法，国力鼎盛、武力强劲。它犹如一只苏醒的猛兽，伸展开自己的筋骨、身形，以生存之本能，东奔西跑，掳掠猎物。在获得一定的安全和空间后，开始将目光投射到广袤的东方。

九鼎，国之重器，相传为大禹所铸，历经夏商，周伐殷商所获后，立于都城，代表至高无上的王权，是主宰天下的象征。秦国问鼎，挥师东进，周王室惶惶。周君与大臣颜率商议对策。颜率信心满满，安慰周君勿忧，并亲赴齐国求援，许诺如齐国发兵，将以九鼎入齐作为回报。齐王于是任命大将陈臣思为统帅，出兵五万救助东周，秦国遂撤兵。

后齐王要求周君兑现承诺，交割九鼎。颜率再赴齐国，以路途遥远、人力保障安排不便为由，使齐王打消了取鼎的念头。

颜率不仅为周君保全了九鼎，还轻松化解了秦、齐两国的取鼎危机，且不负承诺，齐王也未迁怒于周君和颜率。这一连串华丽动作的完成，取决于一个核心意识——深刻把握问题的本质。

颜率作为周臣，必须与周君保持高度统一的目标诉求——保全九鼎、化解军事威胁。只要确立了这个目标，实施过程中的手段则可以相机而变。

向齐国求援，是解除秦国威胁的有效措施。对于齐王的许诺，颜率抓住了齐王的本质需求：第一，帮扶周君，可以在诸侯中获得扶危济世的美名；第二，解除秦国对周君的威胁后，可获得九鼎，这是掌控天下的象征。对于这样名实俱佳的诱惑，齐王要想拒绝，估计自己都不好意思。其实，这两点是颜率说出来的条件，还有一个利好因素，对于颜率和齐王而言，都心知肚明。一山容不得二虎，齐王自然不愿意看着秦国做大、做强，以至于威胁到齐国的地位和影响力。出兵扼制尚未有能力大举东进的秦国，且应周君之求，师出有名，齐王坐在王座上，眯着眼睛，做思索状，不消片刻，就愉快地答应了颜率。而在颜率眼中，齐王的思考，表演痕迹过重，在他内心闪过一丝狡黠后，迅速整理了一下思路，配合齐王完成了这次没有悬念的谈判。

在奔赴齐国之前，颜率早有思谋，给齐王的承诺是要兑现的。齐国出兵、秦国退兵，九鼎就得给齐王，这与周君的目标是相背离的。颜率略略思索之后，抓住了齐王取鼎的本质——能带得走吗？

武王伐纣得九鼎，一鼎用9万人牵引，九鼎就得81万人才能拉回去，而这还不算路途上护送的兵甲，以及制造、维护各种运输设备和后勤保障的人员，他们加起来也与运鼎的人数大致相差无几。如此庞大的人力，齐国根本就无法承受和调剂。就算一个一个地运输至少也要近20万人，有这20万人干点别的不好吗？就为了运输9个大鼎？更何况，齐国与周都城之间还夹杂着别的诸侯国，九鼎过路，谁不觊觎。颜率抓住了齐王取鼎的本质——运输困难，而且是极度困难。因此，这个许诺对于齐王而言，只是一张空头支票。有人可能会问，那齐王就没想到这一点吗？他或许想到了，如果想到这一点，那么齐王出兵的核心诉求就不是取鼎，而是以遏制秦国东进为实，博取强国担当之名为辅。颜率对于齐王承诺的设计，都一一对应了齐王的心思；或许齐王没有想到运输之难，那不就正说明了，处理问题时抓住本质的重要性吗？

当然，从颜率二赴齐国与齐王沟通的内容来看，齐王似乎没有想到九鼎运输的不现实性。他提出了两个折中的方案：第一借道梁国；第二借道楚国。颜率直白地回应齐王，不可能！！梁王、楚王一样想要九鼎，无论入哪国国境，无异于免费快递上门，不取白不取。齐王这次又眯起了眼睛，没了底气、没了主意，生生的燃起袅袅无奈。

而秦国的撤兵，也是颜率抓住了它的本质诉求。秦国只想在没有外力干扰的情况下，安安静静地把鼎带回去，匆匆地来，悄悄地走，就好像它从未来过一样。如果为了九鼎，而要和别人大打出手，秦国现在还没有做好这个准备。

我们不妨做几个假设，既然是假设，就暂时抛开史实。如果你是颜率或周君，要确保九鼎不失，且必须避免兵祸的发生，那么你能采取的措施有哪些？假设一：向秦国献上金银珍宝以求得消灾免难可以吗？当然不行，因为九鼎的价值比任何金银珠宝甚至城池土地的意义都要大，没有等价性，这个假设不成立！假设二：送给齐王金银、城池作为发兵救助的条件可以吗？也不可以，理由很简单，和假设一的情况一样，任何物质交易对于齐王都没有诱惑力。假设三：不依靠齐国，而向邻近的魏、韩、楚3国中任何一国求助，可以吗？更不可以，毕竟齐国相助后，才会存在九鼎运输困难的情况。而邻近的魏、韩、楚基本上不存在借道他国的情况，大不了费点儿事，一个一个地往回运，就算需要个一年半载的，也是一笔划算的交易。但对于周君而言，九鼎最终还是会被别国所占，假设三也不成立。假设四：那就选择求助于距离较远的赵国或者燕国如何？一样不可行，毕竟这两国对于秦国的震慑力太小了，秦国不见得会因此而退兵。

一番假设之后，我们更容易体会颜率抓住问题焦点和本质的能力是何其卓越。反观当下的职场，许多人确实也有非常不错的创意和谋略，只可惜很容易就被错综复杂的情形所影响，要么是拆了东墙补西墙，不从核心关键点上做思考；要么是疲于应对和解决各种层出不穷的新问题，反而渐渐忘记了初衷。

现实中本末倒置的现象更是比比皆是。很多企业都特别重视绩效考核，有一种考核方式叫"末位淘汰"，相信管理者都很熟悉，也特别青睐。但在实际执行过程中往往是将末位淘汰变成了强制末位排名。比如绩效方案中规定，每月业绩的最后一名要按规定予以淘汰。我总觉得，"末位淘汰"不能简单地以"末位"作为考核的依据，而是应该将"绩效目标"与"末位"两个关键因素结合起来。只有在设立绩效目标的基础上，对照实际绩效与目标绩效之间的差异，对于未达到目标绩效的员工实行末位淘汰才更合理。如果某个员工实际绩效确实处于末位，但却超过了目标绩效，这个超额完成任务的末位员工仍旧面临被淘汰的命运，合理吗？如果依然要被淘汰，那么设定末位淘汰，是为了促进业绩的提升和保障目标的实现，还是仅仅为了处罚？这就是典型的没有抓住绩效考核的本质，为了实施方案而盲目采取管理措施。这样的情况下，往往是上有政策、下有对策，员工的智慧也是无穷的。面对强制排名式的末位淘汰，员工为了逃避处罚，相互之间"拆解业绩"以应对"末位淘汰"的情况常常发生，有时甚至出现多名员工业绩完成额度相同，使企业无法强制排名。这样的考核还有意义吗？这样的末位淘汰是不是早已背离了促进业绩指标完成和提高的初衷呢？"末位淘汰"制本身是具有积极作用的，可以从客观上推动员工的工作积极性、精简机构，进而促进个人及企业整体绩效的提升。但如果仅仅是为了淘汰人员而采用此种方式，且将"末位淘汰"制等同于强制末位排名，不仅对员工而言是压力大过动力，对于企业而言也可能会带来诸多的劳动法律风险。

作为管理者，采取一项管理措施并不难，难的是如何确保措施的实施与管理诉求本质之间的关联性。任何一项管理措施，都只是为了保障和督促管理目标或要求实现的一种手段，如果仅仅是为了实施措施本身，而忽略了所要追求的核心目标，只能是本末倒置。

03 东周国与西周国

【原文】东周策·东周欲为稻

东周欲为稻，西周不下水，东周患之。苏子谓东周君曰："臣请使西周下水，可乎？"乃往见西周之君曰："君之谋过矣！今不下水，所以富东周也。今其民皆种麦，无他种矣。君若欲害之，不若一为下水，以病其所种。下水，东周必复种稻；种稻而复夺之。若是，则东周之民可令一仰西周，而受命于君矣。"西周君曰："善。"遂下水。苏子亦得两国之金也。

【典故演绎与职场映射】

《战国策》分12卷，前两卷分别为《东周策》《西周策》。初读《战国策》的人很容易就蒙了，尤其是在看到《东周策·东周欲为稻》时，更是崩溃。这篇文章的大体内容是，东周的人想种水稻，西周不给放水。开什么玩笑！水稻、水稻，没有水还怎么种。东周人很郁闷，因为水源在西周，这个时候，闪耀光芒的男神苏秦登场了，他前往西周拜见西周君，替东周求水。纵横家的思维永远是那么华丽，苏秦告诉西周君："你不给东周放水，其实是在帮助东周致富。"西周君冷冷地看着苏秦："怎么可能，水在我的手上，没有水，东周就种不成水稻，还谈什么致富。"苏秦继续保持着他招牌式的微笑，不紧不慢地说道："要是东周种麦子呢？旱地作物！"西周君的脸有点儿泛红，这是情绪紧张下的应激反应。没想到自己要扼制东周的念想，竟然如此的不堪一击。是呀，要是种了麦子，就脱离了对水的迫切需求，也就脱离了对西周的依赖。苏秦看穿了西周君，献上一条妙计："如果西周想控制东周，只要利用水源控制东周的种植节奏，才是对资源的最佳配置。您现在放水，东周就得种水稻；您以后要是不放水，东周就得种麦子，东周的生产节奏就完全掌握在您的手上啦。"西周君醍醐灌顶，重赏苏秦。而东周也因此得到了水源，能够顺利开展水稻种植。东周君同样重赏苏秦，苏秦左右逢源，两头受益。

在我们对苏秦的谋略啧啧称奇之际，先要理清楚一个基本的概念，就是周朝（西周、东周）与东周国、西周国之间的关系。周朝（公元前1046—公元前256年）是中国历史上继夏、商之后的第三个，也是最后一个世袭奴隶制王朝，它的管理机制是分封制，其后秦、汉开启了从中央到地方的中央集权制政府管理下的大一统国家。整个周朝分为西周（公元前1046—公元前771年）、东周（公元前770—公元前256年）两个时期。西周时期始于周武王伐纣（《封神演义》讲的就是这段故事），止于周幽王烽火戏诸侯（美女褒姒一笑亡国）；而东周时期始于周平王迁都雒邑，终于周赧王被秦所灭，整个周朝终结。其中东周时期又分为春秋、战国时期。简而言之，周朝分为西周时期、东周时期，而东周时期又分为春秋时期、战国时期。

再来看看西周国与东周国。东周时期，周王室势力急剧衰退，分封的各个诸侯国相互征伐，天下已呈现出分崩离析的征兆。即便是这样，周王室内部也是纷争不止，一家人经常说着两家话，不仅仅是闹闹小别扭，而是摆出要分家的节奏，于是从周王室中分裂出来了两个小国——东周国、西周国，这两个小国其实就是两个小的诸侯国。据《左传》记载，春秋时期共有140多个诸侯国。周天子是天下的共主，自然也是东周国、西周国两国国君的直接上司。名义上的领导是一回事，实质性的管理和权威又是另外一回事，东周时期的周天子已经没有什么实际的权力可言，诸侯国们也不怎么把天子放在眼里，只是作为征伐、外交、利益取舍时的一种仪式象征而存在罢了。

因此，史书上或一般情形理解的西周、东周，是周朝的两个不同时期。而《战国策》中的《东周策》《西周策》只是两个小的分封诸侯国而已。这样，就不难理解为什么东周国和西周国因水源问题而让苏秦赚得盆满钵满了。更重要的是，两个小周国位于诸侯强国之间，不能同心协力，反而彼此攻杀。至周赧王五十九年（公元前256年），西周国被秦所灭，不久赧王崩，宣告西周国覆亡。7年后，东周国亦被秦所灭。

历史已成烟云，现实却在重演，很多企业其实都存在东、西小周国这样的情况。常见的就是销售部门的设置，会出现销售一部、销售二部等的建制，而两个部门之间经常是抢单、抢客户、抢市场。究其原因，无非是部门的管理者，有着浓厚的一方诸侯、小国之君思想；而企业的决策者，又缺乏有效的管控和周密的设置规划，成了企业里名义上的"周天子"。

部门业务的拆分，或许是因为人事安排的原因，但对于企业管理而言，更重要的是要以业务、市场和绩效为导向。例如，销售部门的分拆要以市场为导向或以客户类型为导向，如销售一部负责华东区域市场、销售二部负责华北区域市场、销售三部负责西北区域市场等；或者销售一部负责新客户的开发、销售二部负责老客户的维护、销售三部负责唤醒沉睡客户等。各负其责，各有各的领域，市场的政策也要有针对性的制定。同时，要注意同类部门不同划分之间的转化和衔接，避免出现钻政策空档的情况。更不能为了完成自己部门的业绩指标，而在内部相互压价、诋毁，在遇到客户问题时推诿、扯皮。

业务部门的分拆，要做好前置准备工作，依据市场细分、客户细分、服务细分来确定设置原则。流程、制度、团队组建到位后，再开始启动业务分拆，才能避免让业务部门变成东、西小周国的局面。

04　被取消的国事访问

【原文】东周策·昭鱼在阳翟

　　昭鱼在阳翟，周君将令相国往，相国不欲。苏厉为之谓周君曰："楚王与魏王遇也，主君令陈封之楚，令向公之魏；楚、韩之遇也，主君令许公之楚，令向公之韩。今昭鱼非人主也，而主君令相国往；若其王在阳翟，主君将令谁往？"周君曰："善。"乃止其行。

【典故演绎与职场映射】

　　楚国人昭鱼入仕韩国，做了韩相，手握重权，风光无限。东周国的国君为了邦国利益，能够依附强国庇护，打算派遣相国前去韩国国都阳翟（今河南禹州）迎接昭鱼来东周进行国事访问。东周相国一脸的不情愿。为什么不情愿呢？因为先秦时期，人们在做任何一件事情时，首先考虑合不合礼制。虽然春秋战国时期，已经到了礼崩乐坏的状态，但这种状态是一个逐步形成的过程，而非突如一夜春风来、诸侯百姓皆忘礼。既然讲礼制，邀请他国相国进行国事访问，应该由相对应的官员前往，而不是本国相国亲自去。

　　东周相国因不合礼制，不愿去韩国执行邀约任务，但是他也很奇怪，不向自己的国君陈明缘由，玩起了冷暴力，不理东周君。很多时候，做下属的都是这个样子，工作中遇到问题或困难，不去和上司沟通解决，就这样不哼不哈、默默无闻的。职场中上下级沟通不畅，一方面是下级不会向上管理，采取合适的方式、策略与上级交流；另一方面也是上级不愿意听反对意见、排斥建议，且性格强势，导致下属为求自身利益，而不愿意去沟通。反正你是领导，你怎么说都行，但做不做，做到什么程度，那就是我自己的事情了，大不了你催一下，我动一下。这可能是大多数人的职场写照。

作为下属，要明白一个道理：很多职场上的机会，其实就是你自己亲手为他人创造的，你还整天一脸懵懂，搞不清为什么别人比你更受赏识。东周的相国不愿意和国君沟通，就把沟通的机会让给了苏厉。苏厉何许人也，大名鼎鼎的苏秦之弟。历史上的老苏家，有两个很有意思的"三苏"组合：战国时期的"苏家三杰"：老大苏秦、老二苏代、老三苏厉，弟兄3个都是战国时期著名的纵横家、谋略家，只不过苏厉名气最小（其实苏家的关系有很多种说法，毕竟2000多年前的事情，精确起来也不是很容易）；另一个"三苏"组合是北宋散文家苏洵和他的儿子苏轼（苏东坡）、苏辙。北宋"三苏"是唐宋八大家中的3位。清代宰相张鹏翮称赞北宋"三苏"："一门父子三词客，千古文章四大家。"

我们回过头来继续说苏厉。苏厉见相国不吭声，就替相国与东周君沟通。其实做下属的想要与上级愉快而有成效地沟通，取决于两个因素：第一，有没有沟通的意愿和勇气。不要唯唯诺诺的，更不能软对抗。第二，话有三说，巧者为妙。沟通的内容能不能打动上级，要求下属能抓住问题的本质和培养沟通的技巧。

苏厉的沟通技巧就是采取类比的方式，用事实印证观点，并让东周君自己作出选择。苏厉慢悠悠地对东周君说："之前楚王与魏王在我国会面时，主君曾派陈封到楚国去迎接楚王、派向公到魏国去迎接魏王。您还记得吧？"东周君说："记得，是有这么档子事。"苏厉接着说："再后来楚王与韩王相会时，主君也曾派许公到楚国去迎接楚王，派向公到韩国去迎接韩王。对吧？"东周君只是略略地应了一声，显然他已经知道苏厉想表达什么了。苏厉继续说道："现在昭鱼并非君主，而您却派相国前往迎接。如果楚国的君主来到阳翟，那么您将派谁去迎接呢？"苏厉话音刚落，东周君马上接道："对，你说的没错。那就别让相国去了。"国事访问邀约计划就这样被取消了。

《昭鱼在阳翟》这则故事，给予职场中人的启发在于两点：

第一点，上下级沟通的重要性。尤其是下级怎样与上司有效沟通。意愿、技巧、方式、内容4个因素缺一不可，在前文中已经作了阐述，只需要再强调一点，对上司提意见和建议的时候，要客观、理智。假如还是用苏厉的理由去说服东周君，但是语气强硬、表情僵硬、面泛红晕、激动而激烈，只会让上司被你的情绪所影响和感染，而忽略了沟通的实质性内容。人都不愿意在被教训的情形下接受意见和建议，即便是小孩子也有这样的心态，更何况是领导。很多人觉得自己说的有道理，仗理势强，咄咄逼人，还老是埋怨自己的领导不采纳。可能你都没搞清楚，在对你言行已经产生反感和抵触的情况下，别人还怎么去接受你的意见和建议呢？

第二点，规范的重要性。什么是规范？就是按照适当的程序、做出适当的行为、得到理想的结果。东周相国不愿意去韩国邀请昭鱼，是因为不合规范，苏厉说服东周君的核心内容是在讲规范，东周君正是考虑到了规范，才取消了原订计划。一切的一切都是围绕着规范而来。企业的管理行为，是以各种书面的资料为载体，构建起标准和体系，更构建起企业的管理权威。无论是企业的决策者，还是基层员工，都要对规范怀有敬畏之心，尤其是管理者的遵守示范效应更为明显。如果制定出来的规范得不到遵守，可以因权力和职位、因个人喜好随意逾越，将会导致权威丧失、标准不在、体系崩溃。

05 雍氏之役（一）

《战国策》中有关"雍氏之役"的记载，横跨《东周策·楚攻雍氏》《西周策·雍氏之役》《韩策二·楚围雍氏五月》《韩策二·楚围雍氏韩令冷向借救》诸篇。在中国历史上第一部纪传体通史《史记》中，对"雍氏之役"也有多处相应的记载。

战国时期，杀伐不绝、攻争不休，"雍氏之役"并不是决定天下格局变化的关键之战，也不是颠覆诸侯势力角逐均衡的转折之战，为什么仍然会在《战国策》《史记》中占据如此之多的篇幅呢？

【原文】西周策·雍氏之役

雍氏之役，韩征甲与粟于周，周君患之，告苏代。苏代曰："何患焉！代能为君令韩不征甲与粟于周，又能为君得高都。"周君大悦曰："子苟能，寡人请以国听。"

苏代遂往见韩相国公仲曰："公不闻楚计乎？昭应谓楚王曰：'韩氏罢于兵，仓廪空，无以守城，吾收之以饥，不过一月必拔之。'今围雍氏五月不能拔，是楚病也，楚王始不信昭应之计矣；今公乃征甲及粟于周，此告楚病也。昭应闻此，必劝楚王益兵守雍氏，雍氏必拔。"公仲曰："善。然吾使者已行矣。"代曰："公何不以高都与周？"公仲怒曰："吾无征甲与粟于周，亦已多矣！何为与高都？"代曰："与之高都，则周必折而入于韩，秦闻之，必大怒而焚周之节，不通其使。是公以弊高都得完周也，何不与也？"公仲曰：
"善。"

不征甲与粟于周而与高都，楚卒不拔雍氏而去。

【典故演绎与职场映射】

夜已深，宫城外一片静寂，宫城内的韩王郁郁寡欢，凭栏而望，夜风撩拨着他的须发。左右随侍肃穆而立，他们知道此时此刻，不仅仅是韩王忧郁，离王城不远的雍氏（今河南禹州东北）守军，更是备受煎熬。楚国的大军已经将雍氏城团团围住五月有余，战事连绵、粮草不足、士卒伤亡过半、苦撑待援。解围，韩国已经有些力不从心了，而雍氏城破，王城之外再无屏障，楚军不日即可兵临阳翟（今河南禹州）。韩王在楼台上眺望城门，这时的他，多么希望派出去的使臣能带回扭转危局的好消息。

就在韩王心急如焚的同时，韩国左邻右舍的国君臣子们，同样被这场围城之战，搅得心神不宁。韩国的使臣快马加鞭分径而行，东周国、西周国面临韩国求兵求粮之请。虽然此时的韩国，已经被战事所累，但是对于东、西小周国而言，仍然是瘦死的骆驼比马大，不敢开罪于它。可是哪有人愿意，将自己的兵卒粮草，白白送予他国去消耗，况且，支持韩国就意味着与楚国为敌，左右为难，两国国君的烦躁之情，不逊于韩王。作为领导，身边一定要有个摇扇子的，能够在关键时刻为领导出谋划策、分析利弊、运筹决断。此时的东周君，身边谋士匮乏，只能答应韩国的求援要求。好吧，有钱的出钱。东周君向韩国资助粮食，以备解围反击之用。而西周君就幸运得多了——在他的身边，有苏代（苏秦的族弟，战国时期著名的纵横家）。苏代来到了韩国，这为焦灼中的韩国带来了一线希望，东周国的粮草来了，西周国派来了苏代，苏代会代表西周君为这场战争做出怎样的支援呢?

苏代拜会韩国相国公仲侗,没有带来一兵一卒、一粮一粟,却带来了一个让韩国人大跌眼镜的方案。苏代直截了当:"此次策划并执行围攻雍氏的楚国将军是昭应,他曾对楚王说:韩国常年疲于兵祸,因而粮库空虚。乘韩国饥荒,出兵夺取韩国雍氏,不到一个月,就可以攻下城池。"公仲侗眉头紧锁,这些事情他都知道,现在他只想知道西周国会出多少兵马和粮草。苏代没有理会公仲侗的表情变化,继续说道:"如今五个月了,城池尚未攻破,这说明楚兵攻城战力不足,且五个月深入他国国境作战,后勤补给压力与日俱增,将士们更是士气渐减,军心浮动。而此时此刻,韩国却要西周国出兵出粮,这无疑于告诉楚国,韩国撑不住了,没有外援很快就会垮掉,雍氏城指日可待。如果昭应说服楚王增兵,给攻城再加一把力,雍氏城必然陷落。"

公仲侗的眉头一展,不是轻松,是顿悟。他略略点了点头:"苏子所言极是,不过我国的各路使臣均已派出,邦国之间也各有回应……""韩国为什么不把高都之地送给西周呢?"苏代未等公仲侗说完就打断了他的话。公仲侗先是蒙了一下,迅速反应过来的他,已经顾不上什么相国之仪、邦交之礼了,怒而言道:"岂有此理,依你前言,尚且有理,韩国可不向西周国征兵征粮,这已经很宽容了。你居然还能提出索要韩国之地,荒谬至极!"

纵横家有一个共同的特质:始终能抓住问题的本质,不被他人的情绪、周边的环境、纷繁的变化所影响,而且他们永远是那么的直截了当,干脆利索。苏代又说:"假如韩国能把高都送给西周,那么西周必定会与韩国立盟修约。我国与贵国交好结盟,最不愿意看到的就是秦国,对其而言,西周国成了韩国西部边境的牢固屏障,秦国东图韩国,就不会那么顺利了。之前秦国攻韩,需要从东、西两周国借道方能成行,现在咱们是一家人了，还怎么可能助秦攻韩呢？其实得到了高都，对于西周国而言也是有损失的，秦国必然会与西周国断交。而西周只能单单交好韩国，这样一来，韩国就是在用一个高都，换取一个西周国，你觉得划算不划算呢？"公仲侈思索良久，觉得苏代之言还是有利于韩国国家利益的，于是果断决定不向西周征兵征粮，并把高都送给了西周。

韩国与东周国、西周国之间的交涉谈判中，出现了两种截然不同的境况，尤其是与西周国最终达成的合作，简直让人匪夷所思。其实在职场中，这样的情况也是屡见不鲜。无论是与外部客户、合作商、供应商，还是和内部员工的沟通，要能对谈判的内容进行有效而迅速的区分。一般包含两个层面：第一，与谈判事宜本身紧密相关联的信息内容，不要偏离，尽力拿到预期的结果，像从东周国获得战争资源一样，这样的结果是成功的。第二，要特别注意在谈判过程中延伸出来的利好因素，及时加以判断分析，如客观可行，就要迅速提炼和作出回应。这个时候，考验的是谈判者的综合判断能力、分析能力、风险掌控能力、思考问题的眼界和格局。就像从西周国虽然没有获得有利于化解雍氏之围的现实支援，但是却为韩国获得了长远的安全保障。

与此同时，在谈判之前，要赋予谈判者底线控制的原则和标准，就像韩国相国公仲侈能够不经请示，而将一座城池送予他国，这是职责明晰的表现。公仲侈知道他有这个权力，能够做得了这个主，极大地提高了决策和执行效率。反观很多企业，在谈判问题的处理上，不作前置预判，不明确谈判权责，让谈判者要反复请示汇报，尤其是在处理客户投诉、纠纷时，不仅不利于问题的化解，反而会因此将矛盾无形激化。难怪我们经常能看到这样的场景，顾客怒不可遏，拍案而起，大吼一声："叫你们公司能做主的人来谈。"

06 雍氏之役（二）

【原文】韩策二·楚围雍氏五月

楚围雍氏五月，韩令使者求救于秦，冠盖相望也，秦师不下崤（xiáo）。韩又令尚靳（jìn）使秦，谓秦王曰："韩之于秦也，居为隐蔽，出为雁行。今韩已病矣，秦师不下崤。臣闻之，唇揭者其齿寒，愿大王之熟计之。"

宣太后曰："使者来者众矣，独尚子之言是。"召尚子入。宣太后谓尚子曰："妾事先王也，先王以其髀加妾之身，妾困不支也；尽置其身妾之上，而妾弗重也，何也？以其少有利焉。今佐韩，兵不众，粮不多，则不足以救韩。夫救韩之危，日费千金，独不可使妾少有利焉？"

尚靳归书报韩王，韩王遣张翠。张翠称病，日行一县。张翠至，甘茂曰："韩急矣？先生病而来。"张翠曰："韩未急也，且急矣。"甘茂曰："秦重国知王也，韩之急缓莫不知。今先生言不急，可乎？"张翠曰："韩急，则折而入于楚矣，臣安敢来？"甘茂曰："先生毋复言也。"

甘茂入言秦王曰："公仲柄得秦师，故敢捍楚。今雍氏围而秦师不下崤，是无韩也。公仲且抑首而不朝，公叔且以国南合于楚。楚、韩为一，魏氏不敢不听，是楚以三国谋秦也。如此则伐秦之形成矣。

不识坐而待伐，孰与伐人之利？"秦王曰："善。"果下师于崤以救韩。

【典故演绎与职场映射】

就在与东周、西周两国交涉的同时，韩国将最大的希望寄托于西陲虎狼——秦国。其实说到底，楚国攻打韩国，起因也是与秦国有关系的，楚怀王怨恨之前秦国在丹阳打败楚国时，韩国坐视不救，于是派昭应带兵围攻韩国雍氏。

韩襄王已经在宫城的楼台上伫立眺望月余，此刻的他，恨不得宫城能建得再高一些，最好高耸入云，这样就能时刻看着使臣们快马加鞭地奔赴秦国。他甚至都在臆想着西北风能将秦王大殿中的君臣对话，拂面而至，好让自己第一时间就知道秦国终于答应出兵的消息。官道上渐行渐远的扬沙带走了他的期盼，风雨兼程下蒙尘而来的华盖扣动着他的心弦。

5个月的煎熬让韩王心力交悴，他等不急了，刚刚派走的使臣尚在韩国国境内疾驰，王城中新的使臣又向西而行了，一波又一波，韩、秦之间的要道上尽皆韩国出使秦国的各级官吏。然而，依然没有等来秦国出兵相助的消息。

韩王再遣使臣，尚靳受命而行。韩国的使臣都深知这次出访的重要性、紧迫性，尚靳一路不敢倦怠，昼夜兼程，终于来到了咸阳、来到了巍峨雄阔的秦王宫。上一次来的时候，还是在秦王登基大典时，他代表韩国向新秦王道贺。一样的宫城殿宇、一样的秦王，只是这次尚靳的脚步多了几分匆匆，甚至有好几次都走到了秦宫侍从的前面。大殿上，秦昭襄王端坐于上。王座左侧，并坐着一位风姿绰约的贵妇，她就是宣太后——芈八子，中国历史上第一位太后，太后的称谓由她而始。她也是中国历史上首位临朝执政的太后，开创了女性执政的先河。她在位期间，辅助秦昭襄王管理国事，周旋于群雄之中，游弋在列国之间，以女流之身，纵横列国，左右着整个战国的时局。

尚靳微微一怔，他知道，今天与其说是打动秦王，倒不如说服宣太后更为有效。但出于邦交礼制，尚靳在一个深呼吸后，对着秦王开始了他的说辞："君上，韩国于秦国而言，绝非一般邦国交往，韩国的存亡直接关系到秦国切身利益。诸侯西进图秦，韩国可为秦国之屏障；秦国东进征伐，韩国可为盟国，随秦而行，过境、驻兵、整训、援持，百利于秦。而现在楚国兵围雍氏、直逼韩都，万分危急，秦国却坐视不理，迟迟不发兵救助。如若韩国有失，韩秦之间，如唇齿依存，必然唇亡齿寒。还请秦王慎思速定，以安天下。"这段话是说给秦国君臣的，但尚靳却将目光停留在宣太后的脸上。果然不出所料，宣太后一个爽朗的笑声，将大殿中所有人的目光都聚焦在了自己的身上，自然也包括秦王："韩国的使者来了那么多，只有尚子的话说的有道理。"随后，宣太后召见尚靳，开始了小范围的闭门国事谈判。太后面带微笑，慢条斯理地说出了她那一段前无古人，后无来者的话，这段话犹如一条荆棘，生生地抽打在每一个人的心头，以至于历经2000年，仍被后人津津乐道。宣太后对尚靳说："我服侍惠王时，惠王把大腿压在我身上，我感到疲倦不能支撑，他把整个身子都压在我身上时，而我却不觉得沉重。这是为什么呢？因为这样对我来说比较舒服。秦国帮助韩国，如果兵力不足，粮食不多，就无法解救韩国。解救韩国的危难，每天要耗费数以千计的银两，难道不能让我得到一点好处吗？"

尚靳在听得面红耳赤之际，也长长地舒了一口气，秦国谈条件了，只要谈条件就好，谈条件就意味着有达成共识的基础，最怕的就是对方不表态、不提要求、不谈筹码。可是韩王没有赋予自己决断的权力，而且给秦国多少钱粮才能促其出兵，这些条件韩王能答应吗？能满足得了秦国的胃口吗？谈判总算有了突破口，尚靳马不停歇，恨不得插上翅膀飞回王城，禀告韩王。

不消时日，尚靳归国复命，把宣太后的意图禀告给韩王。其实自从派出第一波使臣入秦时，韩王就知道，请秦国出兵解围，必然会以钱粮甚至城池人口作为条件。作为老牌的诸侯强国，自从三家分晋之后，韩国就不断地被别国侵蚀，国力虚弱，武力疲惫。自家都没有余粮，还拿什么给秦国？要是再遇上城池索要，像秦国这样的虎狼之国，不是图谋大城，就是战略要塞。一旦答应，只不过是用舍弃其他城池换取雍氏的保全而已，这笔账韩王还是能算得清的。只要一息尚存，就不会放弃，韩王派遣张翠再赴秦国，这一次将剑走偏锋，不花钱也要把事办成！

张翠出发了，一改之前韩使心急火燎的样子，假称自己身染病恙，慢慢腾腾的，每天只过一个县城，一步一步地挪到了秦国。谈判有时候就是这样，开出条件的人一样很期待结果。自从尚靳离秦后，秦国上下也在等待着韩国的回复。等待就是这么奇怪，越等越急，越急越盼，越盼越怨，越怨越等。这次换成宣太后和秦王站在了秦王宫的楼台上向东眺望。韩使张翠来了！秦国有点儿小激动。但是激动归激动，淡定还是要装一下的。秦王、宣太后并没有马上召见张翠，先安排左丞相甘茂接待会晤。甘茂问张翠："韩国现在已经很危急了，居然还派先生抱病而来。"言外之意不言而喻——就不能派个身强力壮、腿脚麻利的赶紧来吗？张翠却不以为然地说："谁说韩国很危急了，还不至于，不至于！只是快要危急了而已。"典型的文字游戏。甘茂说："秦国堂堂大国，秦王智慧圣明，韩国的危急岂是秦国不知道的。现在先生却说韩国并不危急，可能吗？"

甘茂就差再问一句：你们不着急，三番五次派遣使臣接踵而来，是没事干玩的吗？张翠悠悠然："丞相不要急，且听我说，如果韩国真到了危急时刻，转身归顺楚国不就行了，一切危机自然迎刃而解，真到了那个地步，我还能来秦国商议相助之事吗？不能，不仅不能，而且也没有那个必要了！"甘茂何其睿智，张翠所言的情形，他一听就懂："先生无须多言了，我这就进宫。"

甘茂进宫禀告秦昭襄王："韩王和相国公仲侈寄希望于能得到秦国援助，才会不抛弃、不放弃，倾力抵御楚国。如今雍氏被围已经5个月了，兵竭粮尽，我秦军再不去援救，韩国必败。韩国主战派公仲侈因孤立无援，已心生退意，不理朝政。一旦让亲楚的公叔上位，总揽韩国军政，势必会实行韩、楚联合，结为一体。届时，不仅韩国与楚国结盟，就是魏国也会慑于楚、韩联手而听命于楚国。楚、魏、韩组合的建立，可以使楚国举三国之力图谋秦国。进攻才是最好的防守，与其坐等三国合力来攻，不如主动出击，明着是为了解韩国之困，实则为秦国安危而打破三国合一的可能性。"秦昭襄王明辨时局，同意出兵。秦军自崤山挥师而出，楚国久攻雍氏不下，徒耗军资国力，得知秦国已然出兵，随即撤回！雍氏之围顿解。

雍氏之围已解，企业中的管理者在面临重大问题时的处置策略会得到怎样的启发呢？逆向思维和发散性思维，往往能给难题的解决提供突破性的路径。张翠采取逆向思维——分析韩国孤立无援，雍氏破城后，所面临的处境。楚国在尚不具备鲸吞韩国的能力和条件前，会逼迫韩国求和，这是韩国最大的不利结果。进而采取发散性思维——韩国求和后，于己是失地存国，但于天下格局而言，对秦极为不利。他没有仅仅局限在雍氏一城的得失上，而是看到了由此产生的连锁反应，并陈明利害，帮助本国度过危机。

作为管理者，不能管中窥豹，只见一斑，将目光仅仅停留在单一问题或事件的本身，要看到问题背后隐含的问题。当我们面对单一问题或事件时，如果能将视野放开，通过一个问题的处理解决一个系列、一个流程、一个系统中存在的隐患，进而加以规避和预防，才能使企业管理做到未雨绸缪。管理者管理能力良莠不齐，不在于谁能处理多少问题，而在于谁能通过对流程、制度、体系、模式的调整，预防和杜绝多少同类问题的产生，逆向思维、发散性思维将有益于此。

07 余波终平

【原文】东周策·楚攻雍氏

　　楚攻雍氏，周粮（zhāng）秦、韩，楚王怒周，周之君患之。为周谓楚王曰："以王之强而怒周，周恐，必以国合于所与粟之国，则是劲王之敌也。故王不如速解周恐。彼前得罪而后得解，必厚事王矣。"

【典故演绎与职场映射】

　　雍氏之围犹如平静湖面上落下的石子，溅起层层涟漪，冲涤四散。随着楚军撤围，战国的湖面渐渐回归短暂的静寂。涟漪泛起的最后一轮晕波，虽势能削减微弱，但依然拨动着楚怀王和东周君的心弦。

　　人是会产生情绪的，情绪又会左右人的行为。一件事情从发生到终结，只是事件本身发展的一个过程，而身处其中的人，并不会因为事件的结束，使自己的情绪也一并了断。欣悦之事虽已终了，但美好的回忆仍被津津乐道；忧烦之事虽已终了，但怨恨的种子却在悄悄萌芽。

　　疲惫不堪、甲胄不整的将军昭应垂头颔首地站立在大殿中间，楚怀王面色铁青实在不愿意多看他一眼。责骂将军，于心不忍，毕竟昭应的攻韩策略是正确的、战场攻伐也无懈怠，且亲临城下，冒死冲杀，他尽到了将领的职责。此时的他比任何人都愤懑，不能攻城拔寨、得胜而归，这已经是对武将最大的羞辱，此刻哪怕楚怀王只是一句轻轻的埋怨，都会让将军身心俱疲。胜败乃兵家常事，楚怀王这个时候看着殿角的廊柱，给自己做起了思想工作。

回过神来的楚怀王，调整了一下情绪，对昭应说道："将军无须郁闷，此战虽未拿下雍氏，但已让韩国处于危急之间，五个月的时间，韩国为此狼狈不堪，奔走呼号，大有亡国丧家之状，如此也罢，至少解了本王丹阳之败韩国不救的怒气。将军也征伐劳顿，就先早回府邸，调养休息，以待来日再战。"昭应一拱手，还想说什么，却被楚怀王抬手打断了。楚怀王微微地扬了扬头，示意昭应退下，昭应喏喏而出。

看着昭应离去的背影，楚怀王因战事无果而压制的怨恨终于宣泄而出，他必须释放！既然不能责备昭应，对秦国的出兵相救又无可奈何，再次攻打韩国已无意义，那总得找个出气筒吧。东周国！这是楚怀王怒火的出口。楚国攻打雍之，东周国向韩、秦两国提供粮草资助。好吧，敌人的朋友就是敌人，攻不下韩国、打不过秦国，教训一下东周国对于楚国而言，还是绰绰有余的。楚怀王对左右怒而言之："东周国资助秦、韩，是对楚国的轻视，既然选择了站队，就要为此付出代价！"

最后一轮涟漪晕波摇曳到了东周国，东周君大为恐慌。东周国只是个"打酱油"的，现在却被推到了风口浪尖上。东周君虽然是被逼的，但核心还是自己实力太弱，只能靠向他国提供钱粮物资来获取并不怎么靠谱的安全感。这个时候的他，心知肚明：虽然资助了秦、韩两国，但楚国来犯时，秦、韩未必会替他解围。

实力决定命运。很多人在单位中，擅长趋炎附势，他们的生存逻辑就是背靠大树好乘凉。说着一些奉承的话、做着一些献媚的事，无非是想获得"大树"的庇荫，摇旗呐喊、歌功颂德，以此谋求职场中的安全和利益。而这样的人之所以能有生存的空间，其根源在于企业的文化导向和管理者的性格偏好。有些管理者喜欢被人依附的感觉，由此获得心理上的满足，这是虚荣的表现；有些管理者喜欢培植势力，以此巩固自己的地位，这是不自信的表现；有些管理者喜欢讲成绩、听好听的汇报、看好看的报表，这是浮躁的表现。人在职场，必须练就一身过硬的本领，业务技能是安身立命的根本，企业用人首要看重的，就是一个人所蕴涵的知识和技能与岗位的要求能不能相匹配，并以此创造出价值。否则，就算依附强势，也面临被随意摆布的命运，形成自己的职场核心竞争力才是最重要的。

东周君是软弱的，但也是幸运的。就在他苦恼之时，无名氏出现了。不要小看没有什么名气的人，每一个人都有自己的闪光点。这个无名氏在《战国策》中连姓名都没有被记载下，但他的智谋韬略，却流传了2000年。我们无法判断出这个无名氏是东周君的臣属，还是楚怀王的幕僚，但他确实为东周君摆脱了困境。无名氏进谏楚怀王，没有用华丽的辞藻和玄妙的例证，于质朴处，让楚怀王欣然接受："凭王上之威仪、楚国之强盛，施威于东周，且不说采取行动，仅仅冲冠一怒，就足以让东周震慌。东周受惊吓后，会急于寻找靠山，必定投入秦、韩的怀抱。如此一来，只会增加敌国的势力，而无益于楚国。因此，王上不如尽早消除东周的恐惧，使东周君怀一颗因开罪于楚却被谅解的感恩之心，反过来全力迎逢王上，岂不更好。"

"敌人的朋友是敌人，敌人的敌人是朋友"，这是人际交往时很多人的座右铭。殊不知，这句话的核心是人际关系的转化，而不是简单地进行人际区隔。人际关系不是二元化的非敌即友，而是一种多元化的存在，且随着时间、心态、情势的变化，也在不断地发生着转化。有些人在职场中很孤单，总觉得被他人孤立了，或者找不到可以交心的人，其实是自己的人际交往意识过于狭隘。在单位里对甲有意见，看见甲和乙中午一起吃了顿饭，就认为甲、乙是一路人，对乙不理不睬。本来和丙的关系不错，结果某天下班看见甲和丙一起坐车走了，一种莫名的背叛感油然而生，望着绝尘而去的车尾，唯有自己伫立在风中，让冷冷的冰雨在脸上胡乱地拍打，然后发誓第二天也不理丙了。到最后，变成了孤家寡人，形单影只，就算换一个工作环境，这种思维模式不改变，结局还是在不断重复着昨天的故事。因此，职场中的人际关系处理，要有包容心，包容别人犯过的错，包容别人交往的自主性。只有包容才能让自己变得海阔天空，赢得和谐的人际氛围。

08　周文君换相

【原文】东周策·周相吕仓见客于周君

　　周相吕仓见客于周君。前相工师藉恐客之伤己也，因令人谓周君曰："客者，辩士也，然而所以不可者，好毁人。"

　　周文君免工师藉，相吕仓，国人不说也。君有闵闵之心。谓周文君曰："国必有诽誉，忠臣令诽在己，誉在上。宋君夺民时以为台而民非之，无忠臣以掩盖之也。子罕释相为司空，民非子罕而善其君。齐桓公宫中七市，女闾七百，国人非之。管仲故为三归之家以掩桓公，非自伤于民也？《春秋》记臣弑君者以百数，皆大臣见誉者也。故大臣得誉，非国家之美也。故众庶成强，增积成山。"周君遂不免。

【典故演绎与职场映射】

　　位极人臣的东周国的相国工师藉被免职了，国人震惊。工师藉任相国期间，虽然没有使东周国强大富庶起来，但也无失职敷衍之过。国人们猜测纷纷，街头巷尾的各种传闻满天飞。工师藉府邸大门紧闭，赋闲在家的他除了喝喝闷酒外，更多的是烦躁和惆怅。市井坊间的不满情绪随着空气在流动："吕仓有什么能耐，君上让他当相国？""工师藉多好呀，比吕仓看着顺眼多了。"……如此这般，这就是百姓。百姓们不懂国家大计方略，仅仅凭着印象和感觉去评价宫城内高层异动。工师藉听到了这些传闻，在感到些许慰藉之时，更是凭添了几分幽怨，他喃喃自语道："百姓尚能识人，君上怎么就糊涂了。"

周文君也听到了宫城外的流言蜚语，"民心所指呀，大家对吕仓意见这么大，难道真的是我错了，不该罢免工师藉而任用吕仓吗？"周文君对着随侍不经意地一问。随侍一怔，这个问题不一般，君上所问，要想好了才能说。在他大脑迅速运转的时候，周文君已经走出了数步之遥。恍惚之间，随侍的额头已开始冒汗，抬头一看，君上已经走远了，他才大松一口气。原来君上只是自言自语，并不是要问他，赶紧三步并作两步地追了上去。

此时此刻，新上任的相国吕仓，表面上春风得意，深感知遇明主，正准备撸起袖子加油干，但内心中却是惶惶不安。他不仅知道了民间的言辞，更是知道了周文君也心生疑虑。"不是个好的征兆，君上忧虑就会产生变故，我出任相国，寸功未建，民声已然戚戚。如不管这些，放手去主理朝政，势必会让君上平添反感；如无所作为，只会更合民间猜忌，君上同样不悦。进退两难呀，相国之位，反而成了烫手的山芋，如何是好呀？"吕仓对着门客一吐心声。

翌日，吕仓的门客以助理身份，拜见周文君。简洁的礼数周全后，门客向周文君进言道："一国之君无论做出怎样的政令举措，都会是毁誉参半，不可能让所有人都满意和认可。当遇到毁谤时，反而才是品鉴臣属忠诚与否的最好时刻。忠于王事之人，会把毁谤、猜忌、不满都揽到自己身上，把功劳、美誉、成就都归于君上。这样的例子比比皆是，君上有兴趣听吗？"周文君默不作声，点了点头，示意门客继续说。"宋国国君不顾百姓，于耕作之时强征民夫修建王室观景台，民声鼎沸，怨声四起，矛头直指宋君。当时，宋国臣僚无一人替其主分忧受过、转移矛盾的焦点。后来，宋国相国子罕主动担当，辞去了相位改任没有实权的司空，将修筑观景台的责任揽到了自己身上，百姓于是对子罕产生非议，而称赞宋君能及时纠正用人所失。再比如齐国，齐桓公竟然在王宫中设立7处市场、开设妓院多达700家，齐国一片哗然，市井妇孺皆斥责齐桓公行为不端。面对此种情形，齐国相国管仲故意大肆在自己的府邸修筑楼台亭阁，并命名为'三归台'，奢华挥霍，以此来掩盖齐桓公的过错，转移民间视线，这是典型的'自黑'，拿着自己的名誉自伤于民。像子罕、管仲这样的臣子，才称得上忠义。《春秋》中记载臣子弑君的案例数以百计，这些弑君之臣流芳百世，受到民众的称颂。请问君上，这是一个好现象吗？这是正常君臣伦理之道吗？由此可见，重臣享有盛名，并非国家之福。"门客之言如针尖麦芒，扎进了周文君的心。待门客说完，周文君慢慢地转身背向门客，他不愿意让门客看到心境的起伏在脸上泛起的波澜，只轻轻地说了句："你且回府去吧，告诉相国，让他勤于王事，为国分忧。"吕仓终于安心地开始了他的相国之旅。

吕仓上任了，工师藉免职了，这一正一反中的波动，对于企业里职务调整过程中的隐性状态及对策，提供了诸多的启示。

谋求职务晋升是许多人在职场中的奋斗目标，职务是获取和调配资源的保障，也是自我价值实现的体现。但是职务调整，在企业之中往往并不像表面上那么风平浪静、皆大欢喜。只要遇上职务调整，企业里的4种角色就会自觉不自觉地显现出各自的特性。

角色一：新晋管理者。新晋管理者一般会呈现出3种不同的状态：第一种，踌躇满志，打算不负上级的重托、信任，同事们的认可、支持，必须迅速地展现出工作成效来，以证明自己的任职是当之无愧的；第二种，瞻前顾后，特别在意周围人对自己的看法，生怕一不留神，在对人对事的处理上，引发别人的非议甚至抵触，以动摇并不是很巩固的"位子"；第三种，忘乎所以，"官威"无师自通，趾高气扬地开始指手画脚起来。

新官上任三把火，必须是要烧起来的，这是新晋管理者最好的表现时机。无论从哪个方面来讲，一切都是新的。既然是新的，那就意味着突破、创新，此尽在人们的预料之中。反而如果没有任何举措，倒是出乎众人意料。许多人一想到新人新气象，那一定是剧烈的变革或突破，所谓不破不立，大有砸烂一切陈规陋习之势，否则不足以彰显自己的才干和魄力。其实各人的实际情况和企业的要求不尽相同，到底是采取大规模的变革，还是从细节处着手慢慢地进行调整，都无可厚非，并没有一个固定的模式可以去套用。关键是"新官"能不能放开手脚，首先打破自己思想上的禁锢，将目光的焦点聚集在工作上，而不是过度去关注你在别人眼里是什么形象。同时，也不要因为职务的晋升而得意忘形，毕竟靠"官位官威"无法让自己在职场中获得真正的安全感。

角色二：卸任者。卸任的管理者一般也会呈现出3种不同的状态：第一种，因晋升新职而卸任前职，这种情况参见角色一。第二种，因换岗平调而卸任前职，这个时候如果类似于薪资、待遇等个人核心利益未受到大的影响，基本上都会波澜不惊地欣然履新；但如果个人核心利益受到触动，则等同于免职状态。第三种，被免职。免职，或许是因为组织架构的调整，或许是因个人能力不足、出现重大工作失误，抑或是非工作因素（内部纷争等）而导致。无论哪种原因，包括所谓的"明升暗降"，被免职的人心里都会很不爽。在这种情况下，产生怨恨、处处冷眼相待也就在所难免。尤其会紧紧地盯住继任者，继任者一旦出现工作上的闪失，要么幸灾乐祸，要么蠢蠢欲动、探寻一切有利于东山再起的可能性。

其实对于卸任者而言，问题并没有那么复杂。如果你认为自己的降职免职是公平公正的，而且企业内部有健全的人事机制，可以通过努力重新找回昔日的荣光，那就踏踏实实地卧薪尝胆，没必要消沉和抱怨。如果你实在无法接受降职免职的现实，内心中有一个声音不断地告诉自己："在这个企业里你再也没有重新上位的机会了！"而且现实也确实如此的话，那更不要抱怨了，有这时间，还不如痛定思痛，能适应就继续留下，不能适应就赶紧离开，省的再因为抱怨、抵触甚至是刻意制造障碍，而被企业辞退，这将会成为职场中的污点。

角色三：企业决策者。对于职务调整而言，决策者会觉得这是一场冒险，存在诸多的不确定性。一则，急需要被提拔者通过其能力、业绩的展现，为自己的决策正名；二则，心中充满了疑惑，时时观察被提拔者的表现，且很容易将继任者与前任者作对比，来自各方意见的影响往往会让职务调整出现反复。

其实在职务调整的酝酿阶段，作为决策者，早都已经进行过人选的优劣比较，之所以还会下定决心调整，一定是觉得利大于弊。而调整之后各种声音会使决策者产生动摇，无非是这些声音更多地印证了当初优劣比较时不利的一面。这个时候决策者应该多一些耐心和等待，以一定时限阶段的工作成效为参照，客观审视新人的履职状态。不要急于表达对新任职者的迟疑和顾虑，也不能在看到一些成绩后马上给予过高的赞扬和认可。

同时，作为决策者，在做决定前，审慎思虑，尽量务求严谨。一旦做出决定并开始实施，要有充分的心理承受和对实施过程发生情况的理智判断。正如门客所言，"一国之君无论做出怎样的政令举措，都会是毁誉参半，不可能让所有人都满意和认可"。决策者要杜绝遇上点抱怨、抵触、障碍，就心生忧虑，产生动摇，这样只会让管理摇摆不定、权威荡然无存。商鞅在变法之初，面对老世族的重重阻挠和民间的不信任，仍能毅然变法革新、成就强秦之根基，一个很重要的因素就是获得了秦孝公的充分信任和倾力支持。而且这种信任和支持具有很强的一惯性与坚定性。假如秦孝公听到点风吹草动，就作出调整，使变法半途而废，那中国的历史走向早已不是我们今天所知的样子了。

角色四：旁观者。分为两种：第一种，与职务调整间接关联的人，更多的是部门所属员工。这个时候他们会看"风向"，如果继任者能力够强、决策者支持力度够大，就会倒向继任者；如果觉得继任者存在很大变数，则会表现出骑墙状态，前后兼顾，以期寻找到最佳的"站位"。第二种，与职务调整没有关联的人，会把这场调整当作茶余饭后的闲谈，凭自己对人的好恶，而选择或附和评价、或不置可否、或充耳不闻。

第二种旁观者所起到的积极或消极作用是有限的，但第一种旁观者则会在无形中推动职务调整态势的后续发展。许多企业都会在新任命一个管理人员后，有意无意地向该部门员工了解情况。原本是寄希望于能够相对真实地反映出新任职管理者的实际工作状态，但殊不知，这种时候，信息失真的风险也是最高的。员工可能会因为利益、感情等种种因素，在反馈时有所保留或衍射，这些都将无益于对新任职管理者的判断。与其通过员工去了解管理者，倒不如通过工作成效来观察团队对新领导的接纳、配合、支持程度，这点才更有利于工作。

除此之外，门客给周文君讲的宋国子罕、齐国管仲"自黑"的故事，也需要引起我们的关注。这是从更高的层面诠释了何谓管理者的担当和大局意识。一家企业的领导在会议发言时，念错了一个字的发音，惹得大家哄堂大笑，而小文秘站起来说了句对不起，是我打错字了，于平淡处化解了领导的尴尬。文秘完全可以不这么做，干吗要把子虚乌有的黑锅背到自己身上呢？但是她做了，这就是担当意识和对领导权威的维护。我不主张人人都争相去做"背锅侠"，那样的话，只能说明企业或者领导存在太多太多的问题，以至于成就了一群背锅之人。但在维护领导和企业管理权威之时，不妨多一些主动的担当，哪怕是些许的"自黑"。

09 不是客人是主人

【原文】东周策·温人之周

温人之周，周不纳。问曰："客耶？"对曰："主人也。"问其巷而不知也，吏因囚之。君使人问之曰："子非周人，而自谓非客，何也？"对曰："臣少而诵《诗》，《诗》曰：'普天之下，莫非王土；率土之滨，莫非王臣。'今周君天下，则我天子之臣，而又为客哉？故曰主人。"君乃使吏出之。

【典故演绎与职场映射】

魏国，温城，人们日出而作，日落而息，凿井而饮，耕田而食。生活过得普通但却实在。街头巷尾虽然谈不上熙熙攘攘，但随处可见的投壶、斗鸡、走犬、讴歌、剑道、角抵、蹴鞠、举鼎也让温人的日子充满了乐趣。日复一日，年轮交替，只要没有战争和国家动荡，这样的生活对于许多温城的人而言，就是幸福的。只不过，人的兴趣各不相同，有人喜欢有规律而安稳地活着，有人却希望生活能更加地精彩。人生至少要有两次冲动：一场奋不顾身的爱情和一段说走就走的旅行。

温城男人——姑且就这样称呼他吧——一个普通的男人，简单整理了一下行囊，带上足够的银两盘缠出门了。走出温城的那一刻，他回头望了望并不高耸的城门，没有太多的留恋和眷顾。"世界那么大，我得去看看"，温城男人带着对世界的好奇与未知的向往，大步流星地奔向了梦寐以求的目的地——东周国，天子之城、天下的中心。只不过，对于第一次出远门的他而言，可能还不知道，天下的格局早已变了，谁还会把天子放在眼里，而他所去的东周国，最大的官是东周君。但这又有什么影响呢，旅行的理由不需要阐述太多，一个字就可以概括全部：走！

然而让温城男人没有想到的是，原本一场心驰神往的旅行，却有一段牢狱之灾在等待着他。东周国虽然地狭势弱，但毕竟是宗室本源，政治地位还是显赫于世，这也是为什么将《东周策》列为《战国策》卷首的缘故。京畿要地，安保自然严密，卫戍王城警戒的士卒，都是百里挑一的，能从往来的各色人等中，清晰辨别出谁非周人。温城男人被拦住了，士卒例行盘查："客人来自哪里？"温城男人不加迟疑地回答说："我不是客人，我是周人。"士卒冷冷一笑，这样的情况他见得多了，冒充王城居民实行侦刺、扰民、搅乱之行的大有人在，今天这位，演技过于拙劣，毫不掩饰。"看我怎么揭穿你！"士卒继续发问："既是周人，居所在哪儿？详细说来，街巷、门牌不可遗漏！"

温城男人连王城的大门都没进去，哪里知道什么街巷、门牌。就在他恍惚迟疑间，在一旁观察已久的城门巡防官挥了挥手，士卒们心领神会，驾轻就熟地执行起了公务，锁镣加身，拘捕入狱，旅者变囚徒。

不大的王城里发生点什么新鲜事，东周君都能尽然皆知，管不了天下事，管管这"一亩三分"地也是别有一番情趣。东周君听说城门处抓了一个奇怪的男人，马上派侍从一探究竟。侍从来到狱牢提审温城男人："你不是周人，但为什么也不承认自己是客人呢？"温城男人虽然旅途劳顿加之无端入狱，但此时的他得知来者是东周君侍从，精神反而大振，这或许是他一生中离天子最近的一次（他可能还以为来者是周天子的侍从）。人倒势不倒，温城男人整了整衣冠，摆出一副面君朝圣的造型："臣自幼熟读《诗经》，熟知其中一段：'普天之下，莫非王土；率土之滨，莫非王臣。'周王君临天下，我为天子臣民，怎么能说我是客人呢？我是周人，我是国家的'主人'，我骄傲。"周君侍从差点儿一个没忍住，他必须第一时间把这么有趣的事情禀告东周君。东周君笑了，开怀大笑，他许久没有这么笑过了。他笑温城男人的迂腐和可爱，也为竟然还有人记得名正言顺的天下主宰是周天子而感到一丝慰藉。周君下令放人，温城男人走出牢房的那一刻，嘴角闪过一丝不易察觉的狡黠——知识的力量就是这么强大，多看点书吧，关键时刻能保命。

我是"主人"，温城男人的话如金鼓叩击，余音穿越2000年的尘埃，轻轻地回响在当下。企业的领导者们多么希望自己的员工都是"温城男人"，把企业当家，发扬"主人翁精神"。企业文化的标语、口号中也不乏这样的描述。然而，期望与现实之间总是失之千里，敬业、担当、忠诚似乎变得越来越遥不可及。其实，《东周策·温人之周》中还是为我们提供了破解困局的线索和思路。

企业是谁的？这个问题更多的是需要企业的所有者来回答和思考，如果你认为企业是你自己的或者是股东们的，必然在心理上已经天然地将员工当成了"客人"。就像温城男人进城门时士卒的问话：客人从哪里来？这是东周国的自我封闭，以及自行与天下百姓的割裂。由此，企业形成的管理思维、决策产生的制度规则以及运营模式都以领导者或股东为中心，以至于中国众多的民企文化都是"领导者文化"的体现。员工来到这样的企业，要么为赚点钱、要么为学点技术、要么为积累点经验，无论待多久，总归不能与企业融为一体，离开只是时间问题。

而如果你理解的企业，是所有企业成员共同拥有的，那么在管理思维中，就要秉承以企业发展为导向、以员工成长为导向、以利益共享为导向。让员工参与企业的发展和成长，再通过企业平台反哺员工的个人发展和成长，形成良性互动，使员工能感受到企业的兴衰荣辱与自己的切身利益紧密关联，这个时候，比你强调一百句"我的企业我的家"都要管用得多。

10 杜赫的用人观

【原文】东周策·杜赫欲重景翠于周

杜赫欲重景翠于周,谓周君曰:"君之国小,尽君之重宝珠玉以事诸侯,不可不察也。譬之如张罗者,张于无鸟之所,则终日无所得矣;张于多鸟处,则又骇鸟矣;必张于有鸟无鸟之际,然后能多得鸟矣。今君将施于大人,大人轻君;施于小人,小人无可以求,又费财焉。君必施于今之穷士,不必且为大人者,故能得欲矣。"

【典故演绎与职场映射】

新月如钩,星汉璀璨,东周国的王殿中,欢声笑语,珠歌翠舞。一曲终了,东周君拍了拍手,众人止住言语笑聊,舞姬有序而退,大殿中除了摇曳的烛灯外,顿时静了下来。东周君略带微醺,绯红的脸颊上挂着笑意,"有朋自远方来,不亦乐乎。杜子来周,我如久旱逢甘霖,还望先生不吝赐教,使我东周于乱世中不受危国之苦。"言罢,只见一人离座立于大殿中间,向东周君及左右众人施礼,欲要向东周君献上安国之策。此人是谁?原来是战国著名谋士杜赫。

杜赫,楚人。其曾祖父杜泄原为鲁国官吏,因避祸逃入楚国,繁衍生息保全家族;杜泄之子杜绰官至楚国大夫,杜绰之子杜段承袭父爵仍为楚官；而杜赫即为杜段之子。杜氏家族在楚国虽没有芈姓屈氏（代表人物屈原）、芈姓景氏、芈姓昭氏地位显赫，毕竟屈、景、昭与楚国王族芈姓熊氏是同宗同源；也不如世代皆为楚国武将的项氏家族（代表人物项燕，项羽的祖父）荣耀，但多少也算得上是名门望族，与王室和楚国四大家族多有往来。再后来，杜赫为实现心中理想，离开楚国，以谋士身份入仕秦国，因屡立战功，官拜大将军、封南阳侯。杜赫之子杜挚曾与甘龙一起，在秦孝公时期反对商鞅变法，这是后话。

此时的杜赫，风华正茂、踌躇满志，为一展心中抱负，带着他的满腹经纶，周游列国，以求明主。杜赫对着东周君的期望，以悬河之势，滔滔不绝："君上的东周国，处于天下诸侯夹缝之中，虽借王室之余威，但于国于君皆非固国图强之根本。唯有广纳天下俊才，励精图治，方为上策。只不过，我观君上之行，倾尽珍宝，以笼络之术，奉迎列强，实在无益，君上应慎思。如张网捕鸟，设网于无鸟之处，怎会捕获鸟儿；设网于鸟禽稠密之处，却又容易使鸟惊觉而飞，同样徒劳无获；只有设网于有鸟且鸟儿不多的地方，才会收获满网鸟禽。如今君上把金钱珍宝投在声名显赫之人身上，然而这些人从骨子里却瞧不起您和东周国；投在普通人身上吧，君上又觉得这些人没有治国安邦的学识，无所企求且浪费钱财。因此，对于东周国而言，君上应该把有限的资源用于暂时穷困潦倒、尚无声望，但将来一定能成大器的人身上，如此才能实现心中夙愿。而臣也正好有此一位，推荐于君上，此人就是楚国芈姓景氏家族的景翠。"

不要以为是王室家族成员，就个个都是达官显贵，此时的景翠，可能在家族中并不出众，以至于籍籍无名，但他的谋略、才识却吸引了杜赫；也不要以为王室宗亲，就不会出走他国，为他国效力，甚至与母国为敌。春秋战国时期，这样的例子层出不穷。同为景氏家族的景监，就是秦孝公的宠臣，他曾为商鞅三劝秦孝公，终使秦孝公彻底认识了商鞅的变法之策。事实证明，杜赫识人的眼光还是很准的，景翠没有入仕东周国，继续效力楚国，后封执圭之爵，官至国柱，为楚国一代名将。我们不太清楚，是东周君没有接受杜赫重用景翠的建议，还是景翠没有接受东周君的邀请。但从《战国策》中依稀能看得出，东周君与景翠之间还是有交情的（《东周策·秦攻宜阳》）。

杜赫用"捕鸟之术"，向东周君阐明了一个用人的观点：在企业资源并不是很充足的情况下，与其招揽声望显赫的"名人"，不如注重对人才发展潜质的考量，既能有效降低人力成本的投入，也能吸引符合企业长远发展所需的人才加入。这种观点虽然不是很全面，但至少为现实提供了很多有益的警示。

警示一：避免出现与企业自身状态不符的"人才高消费"。企业的用人需求不仅取决于岗位设置、岗位职责、绩效目标，还取决于企业自身所处的发展阶段和外部人才供给状态，这些因素是要综合起来考虑的。要清晰企业对于人才引入的消化能力，例如一家普通的中式餐厅招服务员，"一刀切"，非餐饮管理专业的本科不要，这不是在招聘，是在拿企业的前途开玩笑。

警示二：理智看待人才的名气与资历。很多人喜欢包装自己，各种头衔加身，为的是在求职"跳槽"时，增加自身的曝光度和附加值。而有些企业也迷信于"权威、资历"，看到简历中种种光芒四射的名头时，就会特别地青睐，高薪予之。可是没过多久，发现水土不服，"蜜月期"草草结束，大家一拍两散。企业感慨"水货"太多，而个人对企业也是微词频发，"企业不正规""没有空间和平台""领导者思路陈旧""管理基础太弱"等的怨言不绝于耳。究其原因，无非是企业浮躁的用人取向引导了求职者的心理，"学历造假""资历造假""职务造假""绩效造假"的现象比比皆是。

对于求职者的"名"与"实"，到底该怎样去对待和选择，4个观点以供思考。第一，有名无实之人，用其名。关键在于依靠其影响力是否能为企业吸引来更多的客户或人才。第二，无名有实之人，用其实。关键在于其才能是否能为企业创造出价值。第三，无名无实之人，用其数。关键在于是否能依靠人海战术达到企业需求的目标效果。第四，有名有实之人，尽用之。遇上这样的人才，对于企业而言就偷着乐吧。但不管采取怎样的策略，还是要在理智而客观地认识企业现状和需求的基础上，理性而全面地评估人才与企业、岗位的匹配程度。做到实事求是，唯才是举，不拘一格，量力而行。

11 欢迎！欢迎！热烈欢迎！

【原文】西周策·秦令樗（chū）里疾以车百乘入周

秦令樗里疾以车百乘入周，周君迎之以卒，甚敬。楚王怒，让周，以其重秦客。

游腾谓楚王曰："昔智伯欲伐厹（qiú）由，遗之大钟，载以广车，因随入以兵，厹由卒亡，无备故也。桓公伐蔡也，号言伐楚，其实袭蔡。今秦者，虎狼之国也，兼有吞周之意；使樗里疾以车百乘入周，周君惧焉，以蔡、厹由戒之，故使长兵在前，强弩在后，名曰卫疾，而实囚之也。周君岂能无爱国哉？恐一日之亡国，而忧大王。"楚王乃悦。

【典故演绎与职场映射】

近来的西周国，上至西周君，下至庶民，都忙忙碌碌，热闹非凡。宫城中紧张而有序地粉饰王殿，舞姬在抓紧时间编排新的曲目，酿酒、储粮、囤肉，新鲜的蔬菜瓜果一车车从各地运来王城。城中的居民们各自清扫屋舍、规整庭院，时刻接受周君派出的各路官吏巡检。净水泼街，黄土垫道，短短数日，整个西周国的王城焕然一新。万事俱备，只等着那位贵客而来了。西周君焦急而又兴奋，在王殿中来回踱着步子，又时不时地望向殿外。"报——"，一声由远而近的呼号，瞬间让西周君的神经一紧。与此同时，一名身形矫健的士卒已到了殿内："禀君上，秦国使臣已入周境，即刻将至王城。""好！终于来了！"西周君欣喜之情溢于言表："传令下去，礼迎秦使。百官随我出城相接。"

浩浩荡荡、逶迤连绵，秦国的高级别国事访问团如期而至。战国是一个以兵车数量衡量国力军威的时代，谁能达到"车千乘，骑万匹"，才是货真价实的军事强国、经济强国，才有在诸侯列强面前大声说话的资本和底气。秦国出访西周国，居然派出"百乘"战车的规模，回想春秋之时，秦穆公出兵长途奔袭郑国，不过"三百乘"而已。今日仅仅是个国事访问，就动用了"百乘"。"大手笔、真气派。"西周君一脸的艳羡，西周国恐怕一辈子都成不了"百乘之国"，今日也算是大开眼界了。

豪华车队扬起的烟尘遮天蔽日，车辙碾压官道发出的"咯吱"声不绝于耳，这声音也碾压在了西周君、西周国民的心上。"我是来访问的，也是来炫耀的，更是来示威的。向西周国炫耀、示威对于秦国而言，本身并没有什么意义，但是天下的诸侯很快都会知道的，我大秦的百乘来到了天子宗国，有实力就是这么任性。"车队头车中端坐着一个黑脸络腮胡的胖子，微闭双眼，略显肥硕的身体随车身左右摇晃，不过他很享受。此人就是秦国三朝元老、丞相樗里疾。（樗里疾为秦国宗室、将领，秦孝公庶子，秦惠文王同父异母的弟弟，因足智多谋，绰号"智囊"，人称严君疾，被后世堪舆家尊为"樗里先师"。他入仕官场之初，是商鞅封地商於的郡守，与商鞅情同手足。在商鞅被车裂后，却未受波及，并开始了他叱咤风云的治国生涯。擅长外交、军事，战功卓著的天下樗里疾，亲自组织和实施了一系列的战争，扩张秦国版图，为后来秦国统一天下打下稳固根基。司马迁《史记》对其有很高的赞誉。）

西周国的欢迎仪式盛大隆重，精挑细选的百名武卒，甲胄明亮，仪容堂堂，阵列有序。虽然西周国弱不禁风，但此刻威仪的礼兵也不禁让见惯了大世面的樗里疾暗暗称道。宾主双方礼数周全，西周君对樗里疾礼遇有加，极尽敬慕。这就是企业带给个人的社会附加值，与其说西周君尊重的是樗里疾，倒不如说西周君是在借此向秦国示好。数日的盘桓访问，在愉快的氛围中进行，双方怀着不同的心思，推杯换盏、把酒言欢，秦周战略合作伙伴关系的形成，将在多领域、多层次开展深度的交流和互通。完美，一切都是这么完美。

人际交往是复杂的，国与国之间也是如此。秦国的炫耀、示威，西周国的趋炎附势，让楚王心里很不爽。他通过楚驻西周国大使，向西周君表达了极度的愤慨和不满，严词责难西周君不该如此重视秦使。但凡有实力的人，占有欲和控制欲都很强。西周国没想到一场外事活动，居然给自己带来了麻烦，虽然刚刚和秦国达成了战略合作关系，但还不足以无视楚王的情绪，毕竟西周国处在列强环视之下，稍有不慎，都可能会带来无端战事。赶紧向楚王说明情况，以求得其谅解吧！西周驻楚国大使游腾，奉命觐见楚王。楚王余怒未消，火气十足，冷冷地看着游腾，"和秦国玩得不错吗？关系好得很呀。"满满的醋意。游腾觉得，此刻他面对的不是一个强国之君，倒更像是一个赌气的孩子。"王上，西周国之所以如此厚待秦使，实在是有不得已的苦衷。昔日，晋国的智伯欲伐厹由，先赠送一口质地精纯、气势巍峨的大钟。厹由为了能将这口大钟顺利地运回王城，专门修建了一条宽阔的晋厹国道。可是始料未及的是，智伯却乘机利用这条国道进兵厹由，厹由因此而灭。厹由之亡就在于在利益面前疏于防备。无独有偶，齐桓公攻打蔡国时，对外宣扬的是要攻打楚国借道于蔡国，实际上却攻打了蔡国。如今秦国乃是虎狼之国，武力强悍，东出函谷窥视天下，灭周夺国之野心由来已久，路人皆知。此次秦国派名将樗里疾率百乘战车入周，我西周君怎能不惧，当年蔡国、厹由的情形历历在目，不得不防呀。但面对强秦和樗里疾这样的人中俊杰，稍不留神，将引来灭国之危，为此我君上也是煞费苦心、费尽思量。迎接仪式上的百名武卒，虽为礼仪之用，但其实个个都是百里挑一的勇武敢死之士。且周君调度有方，枪戟在前，强弓于后，借迎宾、护卫贵使之名，一旦有变，可对樗里疾以迅雷之势围擒，秦兵必然不敢造次。周君护国安民之心拳拳，况且西周有失，对楚国也是百害无一利，我家王上早都想到对楚国的利害关联，实乃是为贵国分忧呀。"越强势的人，越容易吃软不吃硬，有时候他们的需求其实很简单，就是一个面子、一个台阶。游腾代表西周君给了楚王一个面子，让他舒舒服服地下了台阶，而且事实清楚、理由充足，还有什么好计较的呢？楚王从喉咙里挤出了几声干笑："原来如此，也真是难为西周君了。你且转告西周君，楚周友谊，亘古不变，大家都好才是真的好。"

我们不知道，游腾对楚王所说的话，真是西周君的防秦之策，抑或仅仅就是游腾的忽悠之词。这些都已不再重要，重要的是游腾讲到的套由国被灭、蔡国被伐，能够引起我们怎样的思索。在突如其来的机遇面前，多少还是应该保持一份理性。机遇与危机从来都是相依相存，在危机中发现机遇，并加以利用，逆势而上，这是很多人都能做到和理解的；但是面对机遇时，能对其中蕴涵的危机产生警觉的人，就寥寥无几了。

企业之中，任何一项决策都要慎之又慎，杜绝决策失误的前提有3个。第一，尽可能多地了解实际，客观加以分析和研究，保证决策的适用性和针对性；第二，要集思广益，根据决策的影响范围和内容，调动相应的人员参与其中，能够从不同的角度去看问题，给出不同的意见和建议；第三，决策者本身要能包容不同意见。然而现实中的情况却是，拥有绝对权威的领导不爱听反对意见；做下属的为求自身利益，不愿意讲建议和意见；做下属的欠缺分析和建议的能力，提不出建议和意见。由此而出现的拍脑袋式管理，必然会留下危机的种子。

12　神箭手养由基

【原文】西周策·苏厉谓周君

苏厉谓周君曰："败韩、魏，杀犀武，攻赵，取蔺、离石、祁者，皆白起，是攻用兵，又有天命也。今攻梁，梁必破，破则周危，君不若止之。谓白起曰：'楚有养由基者，善射，去柳叶者百步而射之，百发百中。左右皆曰善。有一人过曰：善射，可教射也矣？养由基曰，人皆曰善，子乃曰可教射，子何不代我射之也？客曰：我不能教子支左屈右。夫射柳叶者，百发百中而不已善息，少焉气衰力倦，弓拨矢钩，一发不中，前功尽矣。今公破韩、魏，杀犀武，而北攻赵，取蔺、离石、祁者，公也。公之功甚多。今公又以秦兵出塞，过两周，践韩而以攻梁，一攻而不得，前功尽灭，公不若称病不出也。'"

【典故演绎与职场映射】

在不那么很久很久以前，一个名为"养"的小诸侯国中（大约在今安徽省临泉县杨桥镇），一户普通的人家，随着一声清脆的啼哭，迎来了人丁接续的喜悦，新诞生的孩童被家族长者起名为养由基。天赋是很奇妙的存在，有些人与生俱来就拥有着奇能异技，在逐渐成长的过程中，自然而然地显露出来。他们不用付出太多的锤炼，就能轻松在某一方面展现出异于常人的特质。养由基就是这样一个幸运儿，命运赋予他于乱世之中出人头地的本领——射箭。无师自通、兴趣使然，小时候的他，天天自个儿吃饱了，以射箭为乐。慢慢地，不仅箭射得精准，还能双手接住四方来箭，两臂能开千斤重弓。好家伙，一个能攻善守的神箭手声名鹊起，乡邻四舍都夸这孩子是奇才。

那时的天下，国势动荡，杀伐不断，基本上没人有心思且也没人有时间和精力，去组织大型文体活动，养由基的一手好箭法，注定就只能是为战场而生。后来，养国被楚国所灭，一个神箭手的存在没能改变一个国家的命运，养由基由养国人变成了楚国人。楚庄王时，令尹（宰相）斗越椒叛乱。庄王张榜招贤，"胜越椒者，即为令尹"。参军入伍不久的"新兵蛋子"养由基觉得机会来了，不容错过，自告奋勇地揭了榜文，他要与斗越椒互射3箭，以定胜负。斗越椒答应了，楚庄王也答应了。太奇葩了，他们就这样把国家和自己的命运放到了一场如此儿戏的赌注之中。既然是赌，总会有输有赢，斗越椒连发3箭，箭箭不中，他有点儿慌，不过不安的情绪转瞬即逝："我没射中，对面的养由基也未必能射中……"就在他的想法还没有舒展开来之时，养由基的夺命一箭已钻进了他的咽喉。群情激奋，人们被眼前的情境惊呆了，"养一箭！养一箭！养一箭！"欢呼声直冲云霄，人们似乎忘记了，地上还躺着个死不瞑目的斗越椒！楚庄王也是大吃一惊。君无戏言，重赏之下必有勇夫，勇夫来了，叛乱的问题解决了，那就赏吧，年纪轻轻的养由基成了楚国令尹。后来，养由基战功显赫，多次凭借精湛的箭法，在对阵中，斩将拔城，名震楚国。

养由基善射，世人皆知，且流传甚广。在《水浒传》中，大家熟知的花荣是个神箭将军，绰号"小李广"。同时，江南方腊的一员猛将庞万春，也是个神箭手，他的绰号就叫"小养由基"。庞万春在与梁山军交战时，带兵把守昱岭关，亲自或由其部下射死梁山一百零八将中的史进、石秀、陈达、杨春、李忠、薛永、欧鹏七人，战力可见一斑。

人无完人，养由基也一样。恃才傲物，炫耀逞强，常常卖弄箭法，也引来了诸多的不满。楚共王十六年（公元前907年），晋、楚之间爆发了鄢陵之战。大战将至，养由基却与楚将潘党比试箭法，将厚重的皮甲重叠7层，一箭洞穿。这还不算完，他把射穿的皮甲拿给楚共王看，并骄傲地说："王上有我和潘党，何愁晋国不败！"楚共王是个明智之人，常言道，骄兵必败，养由基太过自满，于大战不利，于是怒斥养由基。

养由基一身征战凭箭御敌，死于他箭下的人不计其数。然而，人往往都会重挫于自己最擅长的领域，就像淹死的更多都是水性好的人。养由基因箭成名，最终却在吴楚大战中，被吴国大军万箭穿心而死。

时间如奔流的长河，汹涌向前，春秋已逝，动荡不安却依然在战国延续。西周君看着地图若有所思，此时此刻，战国四大名将之一秦将白起正率领虎狼之师，挟雷霆之势，直逼魏国国都大梁城。此战是秦、魏间的关键之战，也是撼动天下格局的大战。各国深切关注，虽各怀心思，但不希望大梁被攻陷的愿望却不谋而合。毕竟，天下再多的纷战，只要不打破目前的势力均衡，对各国而言都还有赢得变数发生的时间。

"君上！"苏厉看着发呆的西周君，轻轻地打了个喏。西周君回过神来，一转身："苏子可是来了，如今之情势，先生也尽然知晓，有何见教？"有默契的人之间无须太多废话。苏子与西周君相对而坐后，一脸严肃地说道："秦将白起，世之罕见，其率兵胜韩、魏，击杀韩将犀武，攻陷赵国的蔺、离石、祁等地。杀伐决胜，有如天助，列国无不望其麾而生惧。如今白起又亲率大军奔魏国大梁而来，魏国必败、大梁必破。如此一来，白起顺手牵羊，乘胜对西周国用兵，西周也就危在旦夕了。君上一定要想办法劝阻白起攻魏。"西周君皱了皱眉，"先生所言极是，这也是我忧烦之处。可是白起是何许人也，兵锋正盛之时，如何能轻易被说服呀？"

"君上，可还记得楚国名将，神箭手养由基吗？"苏厉看着西周君。西周君回答："就是那个养一箭，怎会不知道呢，也曾威震天下。可这和白起有什么关系呢？"苏厉接着说道："君上勿急，且听我说。可派使臣拜会白起，给他讲一个养由基的故事，他自然就会止戈休兵。"西周君半信半疑，"一个故事，就能让白起不战，太离谱了吧，什么样的故事有如此之妙，你且说来，我先听听。"苏厉唱了个喏："养由基善射，天下皆知，百步穿柳（叶），箭无虚发，百发百中。然而一个过路人，对此不以为然，并对养由基说道：'阁下既然如此善射，看来我可以教你射箭的道理了。'养由基强忍不悦：'世人皆称我箭射的好，唯有你是第一个敢站出来说要教我射箭的人。那就请你先射一箭，让在下见识见识。'过路人说：'我不是要教你怎样拉弓搭箭。我想告诉你的是，虽然你百步穿柳，箭无虚发，但却不注意调息休整，一味逞强。如此下去，等到了精疲力竭之时，只要一箭不中，神箭手的美名也就随之消散了。'"

苏厉顿了顿，缓缓地喝了口浆酒，他要等西周君消化一下这个故事的主旨。"君上，可派使对白起陈明利害：'今日之将军，破韩、魏，杀犀武，攻掠赵国蔺、离石、祁等城，战功累累，诸侯闻之色变。如今又率兵东出伊阙边塞，大军经过东西两周，贯穿韩国来攻魏国大梁，长途跋涉，如若一战失利，岂不是印证了过路人对养由基所说之理，那将军百战不殆之名尽皆前功尽弃，毁于一役！不如将军称病不出，暂时停止攻魏，待时机成熟，一鼓而下，岂不美哉！'"西周君如梦初醒，觉得苏厉所言有理，即刻安排周使前往白起军中。

苏厉也好，路人也罢，对于白起和养由基而言，说的其实是一个道理：人在职场，要懂得张弛有度，凡事不能急功近利，做事要留有余地。这个观点本身是没有问题的，但如果从另一个角度去看这则典故，其实能收获比张弛有度更有意义的思考价值。人在职场，除了工作本身带来的压力外，周遭的眼光和评价同样影响着每一个人。很多人受此负累，大有不堪重负之感。业务人员，连续数月排名第一，突然有一个月业绩下滑了，领导谈话、同事议论，搞得如临大敌；一个文职岗位，领导的讲话、发言均出自他手，突然一次被上级弃稿，便辗转反侧，寝食难安，惶惶中猜测，是不是自己写得不好，领导看不上了，甚至大有岗位不保之忧。人非圣贤，孰能无过，任何人在职场中，也不可能做到百战不殆、事事时时出类拔萃。可就是因为过去的成绩，赢得了上级和同事太多的赞许，也勾起了他们无限可能的期望，以至于让当事者，虽以力求完美之心态，不断向工作和自己发起全新的冲击与挑战。但这样高压之下的紧张，终会在某一个时刻压垮自己。

将心态放平，让自己多一些豁达，只要保持职场主基调是积极向上、恪尽职守的，那么就别太在意偶然间的几次失误与退步。对他人也要多一些理解和包容，在他人出现工作状态波动的时候，宽慰比责难更有意义，鼓励比惊讶更能温暖人心。

13 被"轻视"毁掉的诸侯国们

【原文】西周策·宫他谓周君

宫他谓周君曰:"原恃秦而轻晋,秦饥而原亡。郑恃魏而轻韩,魏攻蔡而郑亡。邾(zhū)、莒亡于齐,陈、蔡亡于楚,此皆恃援国而轻近敌也。今君恃韩、魏而轻秦,国恐伤矣。君不如使周最阴合于赵以备秦,则不毁。"

【典故演绎与职场映射】

天下熙熙,皆为利来;天下攘攘,皆为利往。这来来往往之间,唯利不变。西周国热烈欢迎秦国丞相樗里疾来访的余温尚未退去,转眼间又投入了韩、魏的怀抱,你侬我侬,卿卿我我。渐渐地疏远了秦国,且与秦国往来之间也多了几分傲慢。纵观整个春秋战国时期,这样的行径又何止西周国一家,朝秦暮楚之相层出不穷,究其根本,都没有逃出利益驱使。于公,谋划的是国家利益;于私,追逐的是个人名利。其实反过来想想,如果没有东周列国之乱,恐怕会少了许多纵横之士生存的空间,也少了许多精彩绝伦、天马行空的游说智辩,甚至《战国策》能否成书立传,流转传承至今,都尚未可知。

没有永恒的朋友,只有永恒的利益。而"清音俗世留,纷争何时休,谁能破名利，太虚任遨游"，只不过是一种无奈与避世的理想而已。

任何时候，都会有这样一些人，能够于繁华处冷眼看虚妄，于浮躁处静心观沉浮。这种人，活得理性、冷静，也活得通透、睿智。西周国的大臣宫他就是这样一个人。

就在满朝文武都在为西周国与韩、魏缔结盟约，举行签约答谢酒会的时候，宫他，被大殿中的喧闹嘈杂，搅得心烦意乱，他实在不愿意听同僚们那些鼠目寸光的陈词滥调，也为这结盟带来的危机，感到惴惴不安。宫他悄悄地走出王殿，在澄净的夜空下深深地吸了一口气，心中方觉得有些舒展，头也没有那么闷了。凭栏而望，穿过宫城的墙垛，依稀能看见摇曳在寻常人家的点点烛火。这让宫他再次心生烦闷："君上的一个诏令，会牵动举国之安危，此刻的百姓，在柴米油盐、锅碗瓢盆中度过了普通的一天。但是，这样的日子还能维系多久，明天、后天……谁知道在什么时候，就见不到初升的太阳了。不行，我得替君上筹谋，为国分忧、为民谋利。"宫他想到此处，突然精神一振，一种使命和担当油然而生。他大步流星地走出宫城，王殿中的欢声笑语还在继续，没有人会留意到他，更不会关注他的离去。

翌日，宫他双眼通红，步履匆匆地进宫了，一整夜的思索，让他显得倦容满面。不过，他已经成竹在胸、经纶于怀。西周君显然还沉浸在运筹帷幄、于乱世中纵横捭阖的成就感里。心情大好的君上看着宫他的样子，有些奇怪，这份好奇促使他认真地看着宫他。"君上，臣彻夜难眠，实在是忧虑不能释怀。国家安危只在一念之间，如今西周国虽与韩、魏亲好，却埋下了亡国之危呀。"宫他开门见山，直奔主题。西周君在惊讶的同时，略略地也面带不悦，"你何出此言，我西周国强邻环视，被列国觊觎，能与强国结盟，实乃国之幸事，怎会有亡国之危？"宫他感觉到了西周君的不爽，但依然直言不讳，且明显加快了语速。他知道，如果不能一气呵成，说服周君，他的忧国忧民之策，就不会再有第二次陈述的机会了。"君上，昔日宛国依仗秦国而轻视晋国，后秦国大闹饥荒无力顾及左右时，晋国发兵直接灭了宛国；同样，郑国依仗魏国而轻视韩国，后魏国出兵攻打蔡国无力分身时，韩哀侯乘机一举灭了郑国。而齐国攻灭郳国、莒国；楚国攻灭陈国、蔡国，一桩桩一件件，鲜活的例子层出不穷，无非是这些被灭之国，在寻求到强大的盟友后，而轻视邻国，终被邻近敌国干掉了。现在君上依靠韩、魏，而轻视秦国，不正是在重蹈宛、郑、郳、莒、陈、蔡六国的灭国覆辙吗？"西周君突然之间对宫他的话，产生了很强的代入感，这些灭国之状，他太熟悉了，只不过因时间前后不一，并没有人把这些事情串联起来，进行横向的对比，也仅仅是关注到了一国之存灭。今日被宫他这样整合分析后，细细想来，确实如此。不由得心跳加速，惊出一身冷汗。"那依卿之言，国之危局，将如何化解。"宫他暗暗地松了口气，西周君终于有所觉悟了，"君上，依当下的情形，既然已经与韩、魏缔约，就不能无端背弃，继续履约就行。同时，必须改善与秦国的关系，回归之前的低调，不能激怒它。为求稳妥，君上还需再行一策：派遣公子周最暗地里出使赵国，与赵国结盟，依此防备在秦国发难，韩、魏无力顾及时，至少还有机会在赵国为西周赢得一线生机。"

宫他的进言，振聋发聩。不足百字的《西周·宫他谓周君》，使人看到了一副趋炎附势、拉帮结派，却结局悲催的众生相。宛、郑、郳、莒、陈、蔡6国之灭，哪一个不属于此般境况？据此，是否同样能给予职场中相当的警示。毕竟将自己的职业生涯寄托在依附于他人羽翼之下，是不会长久和稳固的。在失去利用价值或"靠山"倾覆时，你将凭什么立足安身？但如果仅仅是看明白了这一点，还不足以说，完全理解了宫他的警示之言。

在6国被灭的描述中，有一个非常关键的词——"轻视"。6国因依附强国而轻视邻近，终被邻国所灭。这种情况，除了6国本身的"小人得志"外，灭国的结局也是其所依附的强国一手造成的。在现实的企业管理中，也有那么一些人，会"傲视群雄"、轻视甚至无视企业的管理。他们为什么有这样的底气呢？无非是有所仰仗。

企业之中，通常有3类感情是可以超越管理行为的。对功臣元老的念旧之情、对骨干栋梁的姑息之情、对亲信近随的宠溺之情。而制度是用来约束那些没有背景、没有靠山、草根型的普通员工，一旦遭遇三类感情派系，制度就变得苍白无力。每年年底，企业都要总结过去、展望未来，轰轰烈烈地总结、大张旗鼓地表彰。在鲜花、锦旗的簇拥下，上台领奖的先进分子们，享受着荣耀与自豪。领导再来上一段精心准备的讲话，肯定过去一年取得的成就、感谢大家的辛勤努力、祝贺先进们取得的荣誉、勉励台下的大多数人要以先进为榜样、争取明年上台领奖。在这一切的背后，有着太多的博弈与妥协，情感因素大过评选标准，为的只是营造出一团和气。在很多基层员工心中，其实每年的先进都是内定的，评判标准一定要考虑那些功臣、元老、骨干、精英、亲信、近随是否能达到。偶然出现的几张新面孔，全然是为了烘托出一丝表面的公平与公正。

管理者对下属的放任、纵容、宠溺，只会让个别人于"得志"处产生高高在上的"无视、轻视"。任由其发展，而不警醒，你不仅会毁了自己的团队，也会灭了自己的企业。

14　变法的前事今思

卫鞅亡魏入秦，孝公以为相，封之于商，号曰商君。商君治秦，法令至行，公平无私，罚不讳强大，赏不私亲近。法及太子，黥（qíng）劓（yì）其傅。期年之后，道不拾遗，民不妄取，兵革大强，诸侯畏惧。然刻深寡恩，特以强服之耳。

孝公行之八年，疾且不起，欲传商君，辞不受。孝公已死，惠王代后，莅政有顷，商君告归。

人说惠王曰："大臣太重者国危，左右太亲者身危。今秦妇人婴儿皆言商君之法，莫言大王之法，是商君反为主，大王更为臣也。且夫商君固大王仇雠也，愿大王图之。"商君归还，惠王车裂之，而秦人不怜。

【典故演绎与职场映射】

《战国策》的书卷终于揭到了《秦策》，一改《东周策》《西周策》委曲求全、小心翼翼过日子的窘迫之相。一个生猛凌厉、锐气十足、威震四野、横扫六合、统御八荒的秦国扑面而来。然而从中原诸侯羞于启齿的西陲蛮夷小邦，到问鼎中原、号令九州、一统天下的霸主。秦国的发展并非一帆风顺，从秦之先祖秦非子（嬴姓）因养马善驾有功，被周孝王封于秦地（今甘肃天水），为天子卫戍西境，抵御西戎开始，秦国的历史就像一条曲折但奔流向前的波浪线，时而高亢、时而低垂。其间不乏曲折、苦闷、凄凉、怨愤、无奈、失败。

烽火戏诸侯，周幽王把自己玩死了，面对岌岌可危的天下，秦襄公率兵平乱，驱逐犬戎，并护送周平王迁都洛邑，开启了东周列国时期。而秦国也因此成为真正意义上的诸侯国。再后来，从秦穆公春秋称霸（春秋五霸之一）到秦献公石门大捷的这200多年里，秦国不满足蜗居在西陲贫瘠之地，它想要追求中原的富庶与繁华，更想进入天下的权力中枢。却因经年累月的穷兵黩武，导致国力衰竭，东进的步伐走得踉踉跄跄。而当时的天下诸侯，依然瞧不起秦国，觉得怎么能让一个野蛮人进入我们的朋友圈，于是大家伙联起手来，驱赶、打压秦国。秦国不仅没能攻城略地，开疆扩土，反而被打得积贫积弱，甚至有亡国倾覆之危。

受够了这样的日子，在秦献公执政的23年中，他殚精竭虑，甚至不惜亲冒矢石之难，上阵搏杀，为的就是能改变秦国命运，重现秦穆公时期的强盛。然而秦献公的夙愿尚未实现，就撒手西去了。继位的秦孝公秉承了君父遗愿，继续励精图治。

人才！秦国最缺什么？是人才！秦孝公对秦国人才匮乏深有感触！求贤令横空出世，它寄托了秦孝公对人才的渴求，也寄托了他改变秦国的决心。山东六国的士子们，被优厚的待遇所吸引，接踵而至。

卫鞅也来了！但却来的不是那么光鲜可人，他是逃亡而来的。卫鞅原是卫国人，怀着小小的梦想来到魏国国都大梁求发展。运气不错的他，被招揽进了魏国相国公孙痤的府邸。一边学习、一边工作、一边侍奉相国。渐渐地，这个踏实勤快有眼色、聪明伶俐有悟性的年轻人，引起了公孙痤的注意，并刻意地培养和历练他，这段时光对后来的卫鞅影响深远。公孙痤病了，需要找个接班人来辅佐魏王，于是向魏王推荐了卫鞅。只不过，却因此给卫鞅带来了杀身之祸。他建议魏王要么对卫鞅委以重任，言听计从；如若不用，就杀掉，免得卫鞅奔赴他国，成为魏国大患。魏王觉得重用卫鞅，太过儿戏，不过杀一个人还是很容易的。魏王杀机刚起之时，卫鞅闻风而逃，进入了秦国。

经过一番迂回曲折，卫鞅终于和秦孝公成了最亲密无间的政治伙伴。他以《强秦九论》为纲要，分两个阶段实施变法改革。秦国一改颓势，国力军备得到了极大的提升，民心民力被释放出来，呈现出欣欣向荣的景象。卫鞅因功被封为商君，封地商於（今陕西商洛境内），商鞅之称由此而来。商鞅变法以及他最终受车裂之刑的结局，在诸多的文献典籍中被详细记载，艺术作品、民间附会也多有演绎。而商鞅变法与法家思想也在争议中，被广为流传，津津乐道。

依个人观点，我觉得商鞅变法及法家思想，应该值得企业思索的重要价值在于3点。

第一，规则的建立与体系的维护。长久以来，很多人对法家思想的理解停留在严刑峻法上，而忽略了它的核心价值所在，即规则建立与体系维护的精神。秦孝公任用商鞅变法，使秦国国力大增，商鞅虽结局惨烈，但是商鞅新法的内容却被后续的秦王和秦国不折不扣地传承与执行下来，最终横扫六国，一统天下。

法家强调规则的执行，而且是严格地执行，严刑峻法只是为了规则能够有效实施的一种手段。在出土的秦兵马俑及秦军兵器上，我们能够看到工匠的名字，这也许就是最早的"责任落实到人"吧。秦军的兵器采用统一的标准，并且将责任落实到每一个具体的工匠，确保了工序、质量的严格管理。

学习是为了思考，思考是一个取其精华，去其糟粕的过程。严刑峻法实不足取，但规则建立与体系维护的精神对企业而言，却是裨益良多。

第二，企业在进行管理变革时，应该关注4个要素。商鞅变法中有奖励耕战、严禁私斗的内容。变法之初，秦国世子嬴驷因私斗触犯新法，商鞅得到了秦孝公的鼎力支持，对世子的两位师傅——嬴虔处以劓刑（割鼻）、公孙贾处以黥刑（脸上刺字），由此得罪嬴驷（为后来的车裂之刑埋下仇怨），但秦人私斗之风由此而止。商鞅变法之所以能够成功，主要归结为4个要素：一是变法的内容顺应了当时奴隶社会逐步崩溃和封建社会开始形成的历史发展趋势（变法的针对性、适用性）。二是变法得到了最高决策者（秦孝公）的支持和信任，且这种支持和信任具有很强的一贯性（决策者的坚定性和持久性）。三是变法极大地调动了民众的积极性和参与度，百姓拥护新法。（变法凝聚了良好的民众基础）。四是商鞅及其带领的变法团队的坚决贯彻和落实（执行者的坚定性、执着性。）

4个要素缺一不可，才使新法发挥出了强大的力量。中国历史上的著名变法不在少数，诸如北魏孝文帝改革、宋代范仲淹的庆历新政、王安石变法、明代张居正改革、清末的戊戌变法。其中失败者汗牛充栋，成功者寥寥无几，而商鞅变法可谓是历次变法中最为彻底、成效最为显著的一次大规模变革。当我们仔细去对比这些变法的历史背景、发展过程、最终结局时不难发现，最高决策者的支持和信任，是改革能否取得成效的关键所在。企业中的很多改革和调整，在起始阶段，最高决策者都是信心满满，投入极大的热情和支持，但随着改革的推进实施，最先发生动摇的也都是他们，从而导致改革戛然而止。创新、发展、求变，不是一句口号，是需要拿出壮士断腕的勇气，才能除旧革新。

第三，决策者不能失位。秦孝公给予了商鞅极大的信任，将治国理政的大权毫无保留地交给了商鞅，自己在幕后默默地强力支持，才使商鞅能放开手脚，推行新政。这点固然值得称赞。但随之而来的问题是，商鞅在接受了权力赋予的同时，也将所有的不利结果包揽了下来，以至于秦孝公死后，商鞅无可庇护，落得个车裂下场。在企业中，如果能够遇上一个秦孝公式的领导者，对于很多职业经理人而言都是幸运的。但领导者们需要注意的是，在推进改革的过程中，要适时地走向前台，承担起自己的职责。一则可以避免出现"世人只知商君之法，不知秦王之法"的局面；二则也能为职业经理人分担来自不同方面的阻碍和压力。毕竟，在当下众多的民企中，干掉领导者的可能性微乎其微，但因变革而导致利益得失时，挤兑走一个高管或中层的情况，还是普遍存在的。

15　合纵是场失败的异业联盟

　　商鞅虽死，但秦法依然。变法的红利继续释放，浴火重生的秦国虎视眈眈，问鼎天下的信心流淌在每一个秦人的血液之中。此时的天下，诸侯国之间旷日持久的相互攻伐，使整个东周王朝境内的诸侯国数量大为减少。三家分晋后，韩、赵、魏跻身强国之列；东方的齐国虽然内部经历了田氏伐齐的和平演变，由"姜齐变成了田齐"，但依然继续稳坐强国之位。

　　（武王伐纣建立周朝后，将天下划为800诸侯国，分封给王室宗族、有功之臣以及前朝遗民。而齐国就是姜太公的封地，姜子牙是齐国的第一任国君。姜子牙，姜姓，吕氏，名尚，另有说法名望。因此姜子牙也被称为姜尚、吕尚或吕望。齐国因姜姓吕氏主政，便有了姜齐、吕齐之称。妫（guī）姓田氏，本为陈国公族，但从田完入齐为官开始，田氏逐渐在齐国成了举足轻重的权势家族。姜氏与田氏相爱相杀，在长达286年的时间里，经过反复争斗，公元前386年，周安王册命田和为齐侯，自此田氏在形式上取得了齐侯的合法地位。公元前379年，齐康公去世，一切政治待遇和实际权力完全归于田氏，姜姓吕氏从此退出齐国的历史舞台。）

　　再加上南方"巨兽"楚国（楚国疆域是春秋战国时期，诸侯国中面积最大的）和北方的燕国。东、西、南、北、中，齐、楚、燕、韩、赵、魏、秦，战国七雄并存角逐的格局正式形成。除战国七雄外，还有东周、西周、越、巴、蜀、宋、中山、鲁等大国，以及郑、卫、滕、邹、费等小国。但实力与影响力远远不及战国七雄，只能在强国的夹缝中生存，最终均被战国七雄所灭。

至战国中期，齐、秦两国最为强大，东西对峙、相向而望。而夹杂在齐、秦之间的各国，左顾右盼，摇摆不定。各国之间时而兵戎相见，时而如胶似漆。乱纷纷的天下，给了纵横之士粉墨登场的广阔舞台，他们摩拳擦掌，注定要搅动天下风云，凭一己之力扭转乾坤，在历史的画卷中留下了浓墨重彩的一笔。

所谓纵横，即为合纵连横。简而言之，东西为横，南北为纵，以崤山为界，秦在西，六国在东，六国之间又呈南北走向分布。因此，六国之间的结盟即为合纵，而六国与秦之间的结盟即为连横（需要注意的是，连横并非是六国集体与秦国结盟，而是各国单独或小范围集体与秦国联合）。

合纵之策首倡者为公孙衍，最初为秦国大良造（官名，商鞅也曾为秦孝公时期的大良造），后入仕魏国，以合纵之术，集结魏、赵、韩、燕、楚5国联军叩关攻秦，但以失败告终。连横之策首倡者为张仪，凭连横之术，游说列国，瓦解公孙衍的诸侯合纵，各国纷纷连横亲秦。张仪因此被秦惠王（秦孝公之子嬴驷）所重，官至秦相，封爵武信君。公孙衍之后，苏秦是合纵之策的集大成者，将合纵之术发挥到了极致，佩六国相印，名震天下。但可悲的是，各国的合纵之约，却因为貌合神离，各怀心思，而功亏一篑，土崩瓦解。

【职场映射】

合纵、连横之术，于战国纷乱而言，均为济世良策，却因为六国自毁盟约，使得连横破了合纵，秦国自此冲破禁锢，无人能挡，横扫六合。以史为鉴，从企业经营管理、竞争态势的层面来看，合纵连横的影子随处可见。

企业经营策略中的异业联盟，颇具几分合纵连横的蕴味。不同行业、不同层次的企业之间，抑或是同行业不同层次的企业之间，都可以形成异业联盟。以多元化、多层次、多领域的资源整合为基础，高效互动，进而在品牌推广、市场扩充、消费引导、信息共享等方面构建多赢平台。麦当劳餐厅出售可口可乐，肯德基餐厅出售百事可乐；餐饮、娱乐、健康、医疗之间的异业联盟比比皆是；教育、房产之间的异业联盟也催生出"学区房"的火爆；而医疗改革中所推行的医联体模式（一个区域内的三级医院与二级医院、社区医院等基层医疗机构组成一个医疗联合体，小病进社区、大病进医院，分级分层诊疗模式)，更是在国家层面上进行的行业内部合纵连横。单体企业之间，也因异业联盟而丰富了增值服务，延伸了服务的内容和水平。在满足客户多元化消费需求的同时，也能为企业赢得口碑，节约营销成本。

异业联盟能否成功，最核心的本质即为企业自身的实力，包括产品、服务、品牌的质量如何。为什么很多时候，企业联盟都是轰轰烈烈地开始，悄无声息地夭折？究其原因，无非是参与结盟的企业之间，实力悬殊或匹配不均衡。实力强的企业在联盟中占据主导地位，拥有绝对的话语权，也是获利最大的一方；实力较弱的企业则往往是敲敲边鼓，凑凑份子而已。假以时日，实力强的企业在联盟中托大，左右利益的分配和走向，实力较弱的企业面对残羹剩菜，觉得无利可图，自然也就慢慢地没了积极性，联盟逐渐地变成了独角戏。

对于异业联盟的构建，有两个前置条件是必须要先考虑清楚的。

第一，企业参与联盟的核心需求是什么？比如校企合作。许多企业现在都热衷于与高校联合，共建实验室、研究院、专业定向培养班等，但是在资金投入、师资配比、岗位招录设置上却没有详细的规划，导致仅仅是搞个仪式、签个协议、挂个牌匾而已，然后就没有然后了，甚至整个合作期限内都不会安排合作高校应届毕业生就职。再如营销联盟，企业之间也仅仅是相互摆放宣传页、提供优惠卡券、设置产品展示，基本上是没有任何实际的销售可言。这样的联盟只是有松散的联动，而没有实质的盟约、履约行为，对各方也无任何激励和制约。这种状态的出现，就是企业之间在建立联盟关系之初，没有客观评估自身的需求，根本搞不清楚自己到底想要什么。

第二，企业之间能否消除壁垒，互通有无，并且拥有长线思维，不局限在一时的利益得失上。山东六国的合纵之所以失败，其核心就在于各国之间貌合神离，都在算计自己的既得利益。企业之间的异业联盟是要在深层次上形成利益共同体。各方不妨共同组建专职于异业联盟的营销部门，甚至生产、研发部门，共同管理，对"苏秦之士"佩以相印的同时，也赋予实际管控、协调、调度的权力，才能形成真正意义上的异业联盟。

16 闪耀光芒的男神苏秦

【原文】秦策一·苏秦始将连横

苏秦始将连横说秦惠王曰："大王之国，西有巴、蜀、汉中之利，北有胡、貉（hé）、代、马之用，南有巫山、黔中之限，东有肴、函之固。田肥美，民殷富，战车万乘，奋击百万，沃野千里，蓄积饶多，地势形便，此所谓天府，天下之雄国也！以大王之贤，士民之众，车骑之用，兵法之教，可以并诸侯，吞天下，称帝而治。愿大王少留意，臣请奏其效。"

秦王曰："寡人闻之，毛羽不丰满者，不可以高飞；文章不成者，不可以诛罚；道德不厚者，不可以使民；政教不顺者，不可以烦大臣。今先生俨然不远千里而庭教之，愿以异日。"

苏秦曰："臣固疑大王之不能用也。昔者神农伐补遂，黄帝伐涿（zhuō）鹿而禽蚩尤，尧伐驩（huān）兜，舜伐三苗，禹伐共工，汤伐有夏，文王伐崇，武王伐纣，齐桓任战而伯天下。由此观之，恶有不战者乎？古者使车毂击驰，言语相结，天下为一；约从连横，兵革不藏；文士并饬，诸侯乱惑；万端俱起，不可胜理；科条既备，民多伪态；书策稠浊，百姓不足；上下相愁，民无所聊；明言章理，兵甲愈起；辩言伟服，战攻不息；繁称文辞，天下不治；舌弊耳聋，不见成功；行义约信，天下不亲。于是乃废文任武，厚养死士，缀甲厉兵，效胜于战场。夫徒处而致利，安坐而广地，虽古五帝、三王、五伯、明主贤君，常欲坐而致之，其势不能，故以战续之。宽则两军相攻，迫则杖戟（jǐ）相撞，然后可建大功。是故兵胜于外，义强于内，威立于上，民服于下。今欲并天下，凌万乘，诎（qū）敌国，制海内，子元元，臣诸侯，非兵不可！今之嗣主忽于至道，皆惛于教，乱于治，迷于言，惑于语，沉于辩，溺于辞。以此论之，王固不能行也。"

说秦王书十上而说不行。黑貂之裘弊，黄金百斤尽，资用乏绝，去秦而归。赢縢（téng）履屩（jué），负书担囊（gāo），形容枯槁，面目犁黑，状有归色。归至家，妻不下纴（rèn），嫂不为炊，父母不与言。苏秦喟然叹曰："妻不以我为夫，嫂不以我为叔，父母不以我为子，是皆秦之罪也。"乃夜发书，陈箧数十，得太公《阴符》之谋，伏而诵之，简练以为揣摩。读书欲睡，引锥自刺其股，血流至足。曰："安有说人主不能出其金玉锦绣、取卿相之尊者乎？"期年，揣摩成，曰："此真可以说当世之君矣。"

于是乃摩燕乌集阙，见说赵王于华屋之下，抵（zhǐ）掌而谈。赵王大悦，封为武安君，受相印，革车百乘，锦绣千纯，白璧百双，黄金万溢，以随其后，约从散横，以抑强秦。

故苏秦相于赵而关不通。当此之时，天下之大，万民之众，王侯之威，谋臣之权，皆欲决苏秦之策。不费斗粮，未烦一兵，未战一士，未绝一弦，未折一矢，诸侯相亲，贤于兄弟。夫贤人在而天下服，一人用而天下从。故曰，式于政，不式于勇；式于廊庙之内，不式于四境之外。当秦之隆，黄金万溢为用，转毂连骑，炫熿于道，山东之国，从风而服，使赵大重。

且夫苏秦特穷巷掘门桑户棬（quān）枢之士耳，伏轼撙衔，横历天下，廷说诸侯之王，杜左右之口，天下莫之能伉。将说楚王，路过洛阳，父母闻之，清宫除道，张乐设饮，郊迎三十里。妻侧目而视，倾耳而听；嫂蛇行匍伏，四拜自跪而谢。苏秦曰："嫂何前倨而后卑也？"嫂曰："以季子之位尊而多金。"苏秦曰："嗟乎！贫穷则父母不子，富贵则亲戚畏惧。人生世上，势位富厚，盖可忽乎哉？"

【典故演绎与职场映射】

洛邑，周天子的王城所在，虽已不再被列国诸侯敬畏和向往，但依稀还保留着一丝天下中枢的气息。广阔且四通八达的王城官道上，零零散散的商旅，匆匆而过，万国来贺的景象早已随往事而去，这条路寂寞得太久了。突然，路面微微地震动起来，密集的马蹄声由远而近。路上稀稀拉拉的行人不约而同驻足远眺，尽头处的扬尘遮天蔽日，滚滚而来。据此推测，至少有千骑人马。疑惑、好奇，撩拨着路人的心，发生了什么？那是一支怎样的马队？它来自哪里？来王城所为何事？但至少有一点，所有人都是肯定的，这支马队绝对不是来攻击洛邑的。王城中的周天子还是有价值的，至少在很多人眼里，他还是可以被诸侯们搬出来，要个名分啦、整个出兵理由啦、受邀出席个仪式啦、发表一份某个诸侯早已拟好且不容更改的声明啦。所以，没有人会因突如其来的庞大马队而产生恐惧和惊慌。人们稍事停留，都想一探究竟。

近了，终于看清楚了。清一色的带甲之士、高头大马、明枪亮戟、阵容规整，前后有序。在队列的中央，有一辆华车显得格外耀眼。在队列的后方，绵延跟随着数十辆满载礼箱的货车，同样被甲士严密护卫。原本以为是哪国诸侯觐见天子的使团，但转念一想，不对，天下还有谁会如此厚待天子呢？断然没有，不问天子要礼物就不错了，还大车小车满载而来。况且，更为奇怪的是，在那辆华车的四周，有6名持旗手。分别高举着齐、楚、燕、韩、赵、魏的六国旌旗。难不成是六国遣使一同来访？看华车的样式，绝对可以称得上是高端大气上档次，但一下子挤进去6个人，也不免显得太过拘谨，而且也没人愿意这么坐呀。就在人们的好奇与揣测之中，马队没有丝毫减慢行进的速度，继续奔向了王城。

在距离王城城门三十里的地方，两支风格迥异的迎宾队伍碰到了一起。一支显然来自民间，服饰、精神面貌都显得随意而质朴。另一支则旌旗招展、斧钺成列，其中不乏天子重臣、宗室贵戚。两支队伍在此相遇，竟然为的是同一件事情，迎接那支带着无限荣耀与权势的神秘马队，更重要的是，迎接那个端坐在华车之中的人——闪耀光芒的男神苏秦。

此时的苏秦，因合纵六国，俨然已是六国相国，此等荣耀，旷古绝今。擎天之势，世人趋之若鹜。这次他遵赵王之托，出使楚国，途经洛邑，探视父母，却惊动了天子。天子早早地就安排王公大臣们，出迎三十里，却不期与苏秦父母的迎子队伍相遇。在双方寒暄之时，苏秦的车队已然到了近前。苏秦与父母尚未热络，就被接进了王宫。人在职场，身不由己，自从步入职场的那一刻起，你就注定不再仅仅属于家庭，还有事业、领导、同僚、客户……有太多的事情会挤压你与家人共度天伦的时光，也有太多的人需要你去应酬周旋。

苏秦早已习惯了这样的生活，甚至有点乐此不疲。只有在国之邦交、天子诸侯面前，他才能一展才疏，纵横捭阖。月挂中天，从晌午至月半，在意犹未尽中苏秦与天子话别。苏秦还要在这难得的时间里，见见分别多日的父母。在离家尚有一段距离之处，他屏退左右，独自一人走在熟悉的街巷，这里留下了他童年的追逐与嬉闹，也印记着他入仕前的贫困潦倒。

三步一岗、五步一哨，护卫苏秦的甲士沿途而立，像一尊尊无言的塑像。苏秦知道，这是他们的职责。没有攀聊，没有眼神的交汇，尽管这些卫士年纪尚小，一样会被远方的父母时刻牵挂，但因生活所迫或国家法令，必须肩负起保家卫国的重托。说到底，其境遇与苏秦并无二般，只是分工和角色不同罢了。而正是因为这分工，让苏秦不能随便与他们亲近，人就这样天然地被区分成了三六九等。

　　苏秦来到家门口，有点儿吃惊：屋舍清洁、灯明烛亮。他吃惊的不是这么晚了，家人还在等他。而是眼前的情况与自己记忆中的家，有些不太一样，显然是重新翻修规整过的。苏秦走进正堂，父母起身相迎。"儿子，你可回来了呀！"母亲拉着苏秦的手，笑容灿烂夺目。"快，上菜、把酒。"苏秦的父亲招呼众人，边说边拉着苏秦走向酒席。丰富，太丰富了，这是苏秦自小到大，在家中见过最丰盛的一桌菜肴。苏秦与妻子也是很久没有见面了，他独自在外游说列国，不时地也会想起这位对他事业并没有什么帮助的发妻。男主外，女主内，这就够了，只要孝敬父母、操持家务得当就好。就在他看向妻子的那一瞬间，突然觉得无比陌生。妻子毕恭毕敬唯唯诺诺，甚至于都不敢抬头看自己一眼，这让苏秦很不自在。"夫妻之间，何须拘束，你这是怎么了？"苏秦走向妻子。苏妻侧耳聆听，身子半躬，这哪里是苏秦之妻，与婢女何异呀？苏秦停下了脚步，不再靠近妻子。

　　就在这当口，一声恕罪，又将苏秦吓得不轻。他转身一看，地上不知什么时候跪着一个妇人，一边念叨着恕罪，一边捣蒜般磕头不止。"嫂子，你这又是为何？"苏秦认出了这妇人，连忙上前搀扶。比不得大家千金，寻常人家的妇人，总有那么一股子蛮劲，任凭苏秦拉扯，就是长跪不起。苏秦有点儿恼了，他松开嫂子，生气地问道："嫂嫂之前待我傲慢轻视，怎么今天如此谦卑。苏秦离家，与嫂嫂多日未见，你又何罪之有？"苏嫂依旧跪着，低头回话："你现在贵为六国之相、位高权重、金银用度阔绰，我岂敢不敬、岂敢不尊。还望念在叔嫂情分上，不要责难我过去的愚昧无知。"苏秦听完，怔在当堂，就在这间他从小生活的屋子里，面对至亲之人，突然觉得自己回了一个"假家"。过去的那一幕幕快速在脑中浮现，与当下形成天壤之别，不由得使他百感交集。

当初的苏秦，只不过是洛邑城中一个住在陋巷、掘墙做门、砍桑做窗的穷小子。后师从鬼谷子研习纵横之术，游历列国，入秦求仕。向秦惠王献上连横之策（注意：苏秦早期是连横思想），但因不符合秦国实际和利益诉求，而不被秦王所用。在秦国期间的盘桓，使他钱财殆尽，以至于落得个身无分文、衣衫褴褛、食不果腹、形容枯槁、落魄至极的苏秦黯然回到洛邑老家。本想在受伤后获得亲情的抚慰，然而等待他的却是家人的冷漠。父母、妻子、嫂子向他投来了厌恶的眼光，不理不睬。长途跋涉而归的苏秦，连让妻子做一口热饭充饥的请求都成了奢望。

但苏秦没有任何抱怨，他深知家人的冷漠都是源于自己学艺不精。于是发愤图强，研习姜太公所著《阴符经》一书。而成语"悬梁刺股"就源于这个阶段的苏秦。1年之后，苏秦于闭关苦思中终于开悟合纵之大道，再次离家而去，而这一去，就从洛邑一个普通之家走出了一位权倾天下的六国之相，也走出了一位战国时期著名的纵横家、外交家和谋略家。

"势利眼""墙头草"，这是很多人对苏秦家人的评价，而职场中这样的趋炎附势之人，也不在少数。当我们对这种行为嗤之以鼻时，是否能够从另一个角度去看待问题的两面性呢？

职场中除了存在避凉附炎之辈外，还有一群得意忘形的人。在工作取得一些成就，职务获得一些提升后，就开始变得目中无人、狂妄自大。很多人在基层员工的岗位上时，能够兢兢业业、勤勉尽责，然而一旦进入管理岗位后，就迅速地摆起了官谱，生出了官威，打起了官腔。这种本领似乎是与生俱来的，都不需要加以揣摩和研习，就能自然而然地收放自如。诚然，管理人员是需要权威的，但这种权威要植根于优良的能力、素养、品行之上，而不是凭"官"生威。

《西游记》第一回中，美猴王拜师菩提祖师，初次相见，菩提祖师问他姓什么？猴王理解错了，说他无性，"人若骂我我也不恼，若打我我也不嗔，只是陪个礼儿就罢了，一生无性。"猴王讲的这个性，是脾气的意思，而这刚好和苏秦的经历相似。人的脾气会随着能力、地位的变化而变化。大致可以分为6个阶段：无性、生性、任性、收性、磨性、定性。孙悟空从一个石猴，到后来的斗战胜佛，生动地展示出这6种状态的演变：学艺之前是无性，没有什么本领的时候，也就没什么脾气；学艺归来之后是生性，闹着要做齐天大圣；恃才傲物到了任性的地步，就开始大闹天空；被压五行山下的五百年，是佛祖在让他收性；取经路上，十四年，十万八千里，九九八十一难，这是在磨性，磨砺他自我控制的能力；成了斗战胜佛后，才是定性。一个人在生活、职场之中，也是如此。要时刻注意控制自己的情绪，调整和端正自己的心态，不以物喜、不以己悲，做一个最真实的自己。苏秦虽然功成名就，但不忘初心，没有对之前家人的冷漠耿耿于怀，这是一种气度和豁达，也是一种格局和胸襟。于权谋而言，苏秦无愧于六国之相；于做人而言，苏秦亦是闪耀光芒的男神。

17　鬼谷子遇上一群好学生

就在苏秦于战国的舞台上大放异彩、吸粉无数时，那厢里的掌声，又将天下诸侯百姓的目光吸引了过去。毕竟，这个舞台太大了，不可能只有一个主角独领风骚。诸子百家，百家争鸣！历史的天空在那一刻，群星璀璨。这是中国思想、文化空前繁荣的一个时期，也是学术发展的黄金时代。"百家思想"共同构筑了中华民族传统文化的基本精神，并且在2000年的历史进程中，不断被继承、充实、改造、吸收、转换，深深地植根于中国人的伦理观、道德观、价值观。即便你从未翻阅过诸子百家的典籍著作，甚至都不知道他们有哪些名言逸事，也并不妨碍思想文化的传承接续，它早已融入了中国人的血液之中，随繁衍生息流淌至今，依然影响着当下每一个中国人的思维、行为。诸子百家为中国人镌刻了一幅精妙绝伦的思想地图，按图索骥，你总能找到破局解困的路径和方向。

说起诸子百家，据《汉书·艺文志》所载，能数得出名号的大约为189家；而按照《隋书·经籍志》《四库全书总目》等记载，诸子百家其实多达上千家。但流传较广、影响较大、最为著名的不过几十家而已。其中只有12家开宗立派：道家、儒家、法家、墨家、纵横家、兵家、阴阳家、名家、杂家、农家、小说家、医家。《战国策》则更多地记述了战国时期纵横家的政治主张和策略。

纵横家创派于鬼谷子，这是一个大神般的存在。他姓王名诩，又名王禅，号玄微子，是春秋战国时期著名的思想家、道家代表人物。他的学术头衔有兵家至圣、纵横始祖、命理卜卦祖师爷、谋圣、名家师祖、道教王禅老祖。无所不知、无所不通、无所不精、无所不成！

鬼谷子之所以能冠绝天下，不仅仅是其本身的学识高深莫测、博大精深。还在于他培养出的学生，个个怀有经天纬地之才，在春秋战国乱世之中纵横捭阖，搅动天下风云。挑几个名头响亮的，让大家惊叹一下（其实他的学生个个名头都很响亮）：孙膑、庞涓，为大家献上《围魏救赵》；苏秦、张仪，为大家带来《合纵连横》；毛遂，请准备《毛遂自荐》；司马错，攻占巴蜀，为秦国获得天府之国；战国四大名将之一李牧（另有说法四大名将之首的白起，也曾师从鬼谷子）；名将乐毅、尉缭；出将入相的甘茂、范雎；带领三千童男童女，替秦始皇东渡寻找长生不老之术的徐福……

可能很多人看到这些熟悉的名字后，会有一个感觉，就是鬼谷子的学生毕业后，好多同窗之间都争锋相对甚至性命相搏，最典型的就是孙膑和庞涓。这不正好又从另一个侧面印证了鬼谷子的冠绝天下吗？鬼谷门生500人，个个出类拔萃。天下说大不大，这些学生先后离开师傅后，总要一展抱负，尽显才华。而单个诸侯国是无法承载这么多能人异士的，自然流散在列国之间，各为其主也就在所难免。随着学生们的谋动列国、出将入相，鬼谷之术大放异彩，因而也就有了一种说法——鬼谷子才是搅动战国风云的布局者。

当然，鬼谷子也不是无师自通。他的老师也很厉害，就是大名鼎鼎的关尹子（尹喜）。尹喜还是周朝的函谷关令守时，偶见紫气东来，随后就见到了骑青牛而来的老子。尹喜抓住这个机会，邀请老子在秦岭终南山的楼观台盘桓数日，请教学识。而老子这一留，著言五千，也给后世留下了一部影响至深的《道德经》。老子随后继续西行，不知所踪。尹喜虔心研读《道德经》，终于解其奥妙，释其玄理，又自著九简，名曰《关尹子》。遂挂印辞官，归隐山林，并收了两个徒弟，鬼谷子、寒泉子。

两千年前那些事，在奔腾的历史长河中，被激荡的模糊不清，甚至失去了本来的棱角。至今天，也就产生了诸多的异议和困惑。关于老子与尹喜的关系，有人说是师徒，有人说是知己，也有人说是亦师亦友；关于鬼谷子师从之说，有人说是老子，有人说是尹喜，也有人说都不是；关于鬼谷子的学生，对孙膑、庞涓、苏秦、张仪没有争议，其他弟子则多有存疑。于学术之严谨、史实之确凿，存疑是必需的。然而正因为那是一个信史与半信史相交、史实与传说并存的时代，才给予我们今天无尽的想象与拓展空间。

【职场映射】

姑且按照本篇之述，关尹子教出了鬼谷子、寒泉子（另有细说），鬼谷子教出了孙膑、庞涓、苏秦、张仪……很多人为此唏嘘不已，我为什么就没有这么好的运气，遇上这么牛的老师，不然也能名满天下。诚然，老师很重要，自己的努力一样不容忽视。就算遇上个名师，自己不学，也无济于事。有人可能会说，鬼谷子也罢、鬼谷子的学生们也好，都是天生聪颖、智力超群之人，这叫有慧根，一般的凡夫俗子是出不了这么大的成就的。可是仔细看看鬼谷子及他的学生们，哪一个不是出身卑微？师从鬼谷子之前，苏秦原是洛邑一个穷小子；张仪在魏国籍籍无名；孙膑虽为孙武（著《孙子兵法》）之后，但先祖之名并未给他带来多少显赫与荣耀；庞涓更是普通的不能再普通了。

如果在学习这件事情上，把人分为4类，你会是哪一类？一是没人指点，自己不学；二是有人指点，自己不学；三是没人指点，自己去学；四是有人指点，自己去学。这个问题我问过很多人，占很大比重的是没人指点，自己去学。但没有一个人会说自己是前两类，因为前两类里面有一个"自己不学"的状态，承认这个，无疑承认自己是个不求上进、不思进取、饱食终日无所用心的人。这个问题的答案说出来，只是在应付别人，而真实的状态只有自己心知肚明。

很多人迷恋名师，名师确实可以让我们的进步和成长事半功倍。但授人以鱼不如授人以渔，真正的好老师传道、授业、解惑，更多的是从思维、意识、方法、技巧方面入手。就像苏秦，在完成学业后，去秦国找工作，却被秦王拒绝录用。落破潦倒之时，他回到家中，翻出了鬼谷子学校发的课本《阴符经》及鬼谷子老师的讲授笔记《本经阴符七术》，潜心研习，终得合纵大道。同样，在学校期间，鬼谷子老师也没有明确地提出合纵连横，都是靠张仪、苏秦在理解的基础上，自己揣摩思索而来。由此，要摒弃学习的浮躁心态——不直接给出答案、措施的老师就不是好老师。

不选"有人指点，自己去学"的人，是觉得没有那么一个人，自发自动的站在你的面前，疾呼"让我来教你吧"。孔子有云："三人行，必有我师。"现实的职场中，不要轻视你身边的任何一个人，他们在某个方面、某个领域、某个环节、某个具体问题上，一定有着你所不知不会的知识与技能。请教咨询一下、悄悄观察一下、模仿实践一下，这都是对你的补充和完善，甚至是提高。别人指点是外因，自己去学是内因，外因只有通过内因才能产生作用。

如果说鬼谷子是个好老师，倒不如说鬼谷子遇上了一群好学生。而你能不能成为一个职场中的"好学生"，就看你的内因有多强大。唯有端正主动、积极的学习态度，并且执着且全力以赴地付诸行动，你才会发现身边原来不缺"鬼谷子。"

18 让适合的人做正确的事

【原文】秦策一·秦惠王谓寒泉子曰

秦惠王谓寒泉子曰："苏秦欺寡人，欲以一人之智反覆东山之君，从以欺秦。赵固负其众，故先使苏秦以币帛约乎诸侯。诸侯不可一，犹连鸡之不能俱止于栖亦明矣。寡人忿然，含怒日久，吾欲使武安子起往喻意焉。"寒泉子曰："不可。夫攻城堕邑，请使武安子。善我国家使诸侯，请使客卿张仪。"秦惠王曰："敬受命。"

【典故演绎与职场映射】

咸阳宫中，盛怒之下的秦惠王命侍从传召寒泉子。不消片刻，一个精神矍铄、气宇轩昂的老者来到王殿。他饱经风霜的脸庞上，一对鹰眼目射精光，浑身上下透着隐隐的超然与洒脱。此人正是寒泉子，鬼谷子的同门师弟，孙膑、庞涓、苏秦、张仪的师叔。虽与鬼谷子系出同门，但两人的行事、个性却大不相同。鬼谷子喜好清静，于山野之中，隐世埋名，著书授徒，只不过他的学生却个个名动天下。而寒泉子投身宫闱，要为心仪明主谋筹图霸方略。此时的他，已入仕秦国，成了秦惠王的臣属。

"王上召见，可是为了苏秦合纵之事？"寒泉子问道。秦惠王也不觉得诧异，毕竟与鬼谷子同门，怀有过人之处不足为奇。"正是！"秦王的怒气还在继续发酵，"苏秦欺我太甚。凭一己雄辩之术，蛊惑六国，妄图借合纵之盟，欺秦、制秦、弱秦、亡秦，实为我大秦之患。更为可恨的是赵国，如此重用苏秦，自恃兵力雄厚，不惜重金联络各国，于虎牢关前促成合纵盟约。当不了天下霸主，就想当诸侯盟主，实在是可笑至极！只不过……"秦惠王突然打住不说，他看了看寒泉子，想从寒泉子的脸上看到些什么，但那张处变不惊的老脸，没有给他任何答案。秦惠王只得继续说道："只不过六国之间，暗怀鬼胎，六国之君皆为尔虞我诈之辈，区区一纸盟约，是不会让他们搁置争议，对我大秦同仇敌忾的。不过是一群禽舍家鸡罢了，即便绳索相连，也齐步走不出一条直线来。合纵之策虽然大恶至极，但将终无所成。本王倒不担心合纵之盟以及合纵起来的6国，只是让这个苏秦，一人搅动天下，实在是感觉不爽。秦国也该有点儿反应了，不然真让这竖子觉得我们可欺。""王上将如何应对？"寒泉子仍然面无表情。"本王打算派武安君白起走动走动！"秦惠王这个时候居然有了笑意。是呀，提到白起，他怎能不释怀呢？这个让天下诸侯闻风丧胆的战神，不出手则罢，一出手就只会让对手全军覆没、片甲不留。列国的将军们，没人愿意在战场上与白起相遇，但这由不得他们。寒泉子听到白起，也是微微一凛，暗暗想："王上这是要开打了吗？"秦惠王并没有察觉到寒泉子的细微变化，仍在继续说道："就让武安君为使，去拜会山东六国的各路诸侯们，给他们讲讲天下大势，讲讲合纵是多么不靠谱吧。"

寒泉子终于搞清楚了秦王的用意。"王上不可！"寒泉子说的斩钉截铁。秦惠王一怔，"有何不妥？""王上遣使东出，游说列国，拆散合纵，此举并无不妥。然不可之处，就在于遣使的人选。武安君当世虎将，上阵杀伐、攻城略地，无不所向披靡、百战不殆。然则巧辞雄辩、展唇齿之利，则勉为其难。派使周旋于诸侯，并在唇枪舌剑中为国谋利夺益，唯张仪方可担此大任，还请王上三思。否则以武安君之刚烈勇猛、耿直厚实，轻则话不投机无功而返，重则燃起战端，反而助推合纵，使6国向心聚力，岂不有违王上初衷？"秦惠王嗯了一声，下意识地点了点头，"多亏先生提醒，险些因思虑不周，铸成大错。先生所言极是，出使列国，确非白起所长，还是张仪为佳。一时性起，未曾多想，实乃本王之失。就依先生所言，由张仪为使，东出崤山，破了这合纵之盟。"

让适合的人去做正确的事，方能用人所长、人尽其才。闻道有先后，术业有专攻。每个人都有自己擅长的领域，扬其长，避其短，才能使人力资源的效能最大化。分工专业化、精细化的趋势越来越明显，也在不断考验着管理者识人、用人的能力。

对企业内部人力资源的盘点，不能再仅仅停留在学历、职称、专业、年资、经历等浅表层面。了解下属的性格、兴趣、潜能、职业取向，并结合既往工作状态、绩效表现等要素综合评估，才能较为全面地衡量一个人对工作的胜任与否。做到这些，只是人才管理的一个方面。同时还要去思考具体工作的难易度，复杂性和对目标结果的诉求。在人岗匹配、人事匹配的基础上，合理安排，客观分配，构建实现目标的基础。

而对于人才的培养，同样需要关注员工个人未来发展路径、潜能、意愿与梯队建设的匹配度。不能仅凭企业或管理者的想法，揠苗助长式地强制培养。在不能与员工形成统一认知的前提下去培养锻炼人，只能是徒劳双方的时间和精力，也得不到大家都满意的效果。

在关注人岗匹配的同时，作为管理者，还要杜绝盲目用人、随意安排工作的情况。企业中通常存在一种很不正常的用人现象，就是能力强的人干得精疲力竭，能力弱的人反而悠闲自在。这是为什么呢？这不是能者多劳，而是管理者的用人思维产生了扭曲，僵化且片面停留在对人的认知上，忽略了对事的考量。

这也正是为什么企业中，很多人要刻意躲避领导，尽可能减少在上级面前的曝光度，以此减少被动接受工作安排的概率。毕竟很多事情，他们干起来并不是很擅长，甚至很吃力。但面对领导的期望、职场安全和岗位职务的稳固程度，又逼得自己不得不一次次地扬短避长。久而久之，在持续的压抑与郁闷中，丧失了工作热情，消极懈怠，没有成就感，以及对自己前途的迷茫和不可预测，让其不堪重负，黯然离去。领导这个时候还百思不得其解，我如此重用你，竟然舍我而去，孺子不可教也。殊不知，勉为其难地干着自己并不擅长的事情，是一种怎样的痛苦与折磨。

19　金牛道上无金牛

坐落在成都平原西部岷江之上的都江堰，不仅成就了水旱从人、沃野千里的"天府之国"，也因其景色秀丽、古迹众多，而惹得游人如织。人们在宝瓶口驻足观瞻、在安澜索桥上摇摇晃晃时，也记住了主持修建都江堰这一伟大水利工程的秦国蜀郡太守李冰父子。二王庙凭吊的香火依旧鼎盛，袅袅的青烟萦绕升腾，于弥漫之处，仿佛依稀还能体会到公元前251—公元前256年，那段艰苦卓绝、人定胜天的火热场景。然而，这一切如果没有60年前（公元前316年）的那场辩论，以及因辩论决定的那场灭国大战，恐怕都江堰能不能开建，又会不会为今天留下一座驰名中外的世界文化遗产、国家5A级旅游景区，都犹未可知。

就在中原腹地的战争接二连三，打得不可开交之时，南方的几个小朋友——蜀国、巴国、苴（jū）国也闹起了矛盾，兵戎相见。蜀国为蜀地原住民蜀族所建，因先祖参与武王伐纣有功，被周王室承认，位列封国。虽不及同在南方的楚国、吴国、越国强盛，但民风尚武亦能传国十三世，绵延729年。蜀国不仅能自我保全，还在公元前368年出兵灭了周边的原生态小国郪（jí）国、平周国。得胜的蜀王杜尚，在疆土扩大的喜悦中，要将新地盘建设成为蜀国的附庸国，俨然要做个小范围的"蜀天子"，敕封其弟杜葭萌为苴国国君，也称为葭萌国。巴国与蜀国的情况大致相同，由巴人所建，同样参与了武王伐纣，被封为子国（周朝分封诸侯时，按爵位分为公、侯、伯、子、男5等，爵位为子的诸侯国为子国）。巴蜀毗邻而存，却为世仇。苴国虽为蜀国藩国，与蜀王同宗同族，但在面对蜀王日益频繁的纳贡要求时，却倒向了巴国的怀抱，巴、苴之间经常联手与蜀国争斗。乱纷纷的天下，纷乱无处不在。

公元前316年，蜀国又一次击退了巴国的来犯之兵，看着夹杂在巴军之中的苴国兵卒，蜀王杜芦杀机顿起："不听话，越来越不听话了，之前还是暗通，这次直接明着来了。抗税拒贡也就算了，现在居然胳膊肘往外拐，帮着死敌打自己人。好吧！我看这个窝里反的苴国不要也罢。来人，传令五丁力士限期打通石牛道，发兵讨逆！"然而，没有人知道，其实蜀王不仅仅是为了教训苴国，还有另外一件事情，更让他挂怀。必须尽快打通石牛道，拿回那件宝物，免得夜长梦多。

蜀王的咬牙切齿，让苴国慌了神。盟友巴国新败，自顾不暇，凭自己一己之力对抗蜀国，无异于螳臂当车。"这可如何是好呀？"苴侯一脸愁容暗自神伤。他知道这次蜀国大哥是真生气了，后果将会是相当的严重。原本只是派兵悄悄引路，好让巴国顺利攻蜀，谁知道巴国竟如此不济。更可悲的是，他派出去的引路兵卒，都是些没脑子的家伙，也不会掩饰一下，明晃晃的站在巴军之中，好歹也换成巴军服饰呀！这下好了，让蜀王发现了，还想借巴蜀之争坐收渔翁之利，结果连自己也搭进去了。蜀军兵临城下，不仅君位不保，看架势这血脉情分也留不住他的项上人头了。烦躁不安的苴侯目光迷离，坐在并不气派甚至有些质朴的王座上独自发呆。

"恭喜苴侯，贺喜苴侯！"人未至，声先到。被猛然间唤醒的苴侯恼怒不已，刀都架到脖子上了，这个时候是哪个不知死活的蠢材，这么没眼色，大呼小叫的如此放肆。正欲发作，然定睛一看，硬生生地将火气憋了回去，一个他惹不起的人来到近前。来者张若，蜀王近臣，秦国专使。为什么会有两个身份呢？原来秦国觊觎蜀地沃野富饶，早有吞并图谋之心，然而蜀道艰险，发兵不易。秦王（另说是张仪）以诡计诱诈蜀王，精心雕铸石牛5头，内设机关，扬言神牛现世，能食草粪金，为结秦蜀之好，将送予蜀王。但苦于蜀道阻隔，无法成行。蜀国偏安西南，崇尚神鬼乱力，信以为真，征发民力，凿山开道以迎神牛，实则是中了秦国图蜀之计。而苴国为蜀国藩属，位于秦蜀之间，负责修筑金牛道，以便神牛入蜀。秦、蜀、苴三国签署合作协议，由蜀国、苴国负责劈山开道，张若负责三国之间的衔接沟通，身份自然尊贵。

苴侯苦笑一声，"喜从何来呀？"张若兴高采烈地答道："神牛入蜀、苴国负责金牛道，工程进展顺利，不日即将完工。且蜀王遣五丁力士修筑石牛道，连接蜀苴，也将融会贯通。神牛入蜀，苴侯可是大功一件，如此怎能不贺呀？"苴侯这才想起来这件大事，但此刻，他眼珠子滴溜一转，并没有去关心金牛道，而是从张若的身上，看到了存国保命的希望。"上差久居峻岭，日夜操劳，才使工程进展神速，辛苦之至，本侯感念不尽。然则，苴国危急，灭国授首之祸就在眼前，哪里还能再去享受这莫大的功劳呀？"张若有些不解，确实他远离朝堂太久，国事已知之甚少。苴侯将忧闷之事详细说予张若："事已至此，唯有上差可救我于水火之中。"苴侯哀求之状，溢于言表。张若不禁动容，"苴侯请讲，但有所请，定当不辞，以助苴国脱困。"苴侯趁热打铁："承蒙上差不弃，可否以三国调度使臣之名，亲赴秦国，请秦王居中斡旋，一则可免去因战事将起，而使秦、蜀交好之愿落空；二来也可保全苴国，留我性命。"张若听罢，觉得此法可行，当即应承，且不拒艰辛，即日启程奔赴咸阳。

蜀王修石牛道为的是尽快迎取神牛，一并攻伐苴国。而秦国蛊惑蜀、苴开通蜀道，为的是攻取蜀地。张若的咸阳之行，为苴、为蜀、为秦，当然也是为了自己能因功得利于三国之间。然而这一切的背后，只有秦王宫中的君臣们，看在眼里，嘴角挂出了一丝狡黠。只不过，他们没有想到的是，张若这一来，居然引出了一场千古名辩。

【职场映射】

暂且放下秦宫里的辩论赛不提，单说这金牛道上天大的好处。蜀王的昏聩对于今人而言，平添了几分笑料，世上怎么会有食草粪金的神牛，要是放到现在，秦国这么低劣的手段，就连小孩子都骗不过，更别说心智成熟之人。然而，在2500年前那个文明尚处萌生之际的时代，发生这样的事情倒是不足为奇。只不过，在我们讥笑蜀王之时，是否也该看到，战国时期发生的这一幕，与当下许多人、许多企业为贪图便宜而遭受无端损失的境遇，只不过是换了时间、空间和内容而已，本质并没有发生变化。

人为什么会占便宜呢？无非是基于走捷径的心理。可以在节约时间、精力或金钱的基础上，在短时间内实现目标、提高收益、转化价值。那么不妨用神牛之计做个分析，假设真有这样的神牛，以秦、蜀两国的利益得失为判断依据，看看利益取舍的本质会是怎样的一个状态。

第一，利益取舍的角度不同。5头神牛的产金量，对于秦国、蜀国而言，均不能达到增强国力的效果。神牛的价值无非是一组奇珍异宝而已，两国国君或许可以从中得到一定数量的黄金，用作增加个人财富、赏赐臣僚，顶多对于国家可以算作一种物质炫耀。秦国需要的是连接巴蜀之地，获得充沛的物资供给。秦王舍小益而图大利，站在了国家利益的高度，而蜀王则以个人利益为重。

第二，利益交换的结果不同。秦国用神牛换取了蜀道的贯通，进可攻取巴蜀之地，退可与蜀国建立政治、经济、军事同盟，获得蜀地的物资供给。而蜀国取得5头神牛，却使西北门户顿开，无险可守。假如秦国发兵，重新夺取神牛，蜀国又该如何抵御？

第三，利益掌控的程度不同。蜀国周边的国家，要是觊觎这5头神牛，蜀国不一定能保全。就算巴国实力不济，但别忘了南方还有个强大的楚国。可能有人还会问，随着蜀道的贯通，假如楚国攻取了蜀国，进而通过蜀道进攻秦国，这对于秦国而言，岂不是很不利？关于这个问题，其实也很简单。如果将蜀道比作一座天平，天平的两端各是秦、蜀时，则天平会倾斜于秦国；而两端是秦、楚时，则天平会保持相对的平衡，毕竟秦、楚两国，谁都无法通过一条蜀道而将对方攻灭。

综上所述，蜀国在这场交易中虽然从明面上得到了5头神牛，但从整个国家的战略规划层面而言，却是秦国占尽了先机。连番的假设后，一个显而易见的道理不言自明。面对利益取舍以及各种利好因素发生时，一定要有权衡分析的意识。尤其是存在明显背离等价原则的情况时，要特别注意从利益取舍的角度、利益交换的结果影响、利益获取后的实质掌控3个层面进行客观对比。正所谓：天上不会掉馅饼，金牛道上无金牛。企业经营不投机，为人处世不贪利。无端受惠须谨慎，勿忘秦宫有虎狼。

20 秦宫里的辩论赛

【原文】秦策一·司马错与张仪争论于秦惠王前

司马错与张仪争论于秦惠王前。司马错欲伐蜀，张仪曰："不如伐韩。"王曰："请闻其说。"

对曰："亲魏善楚，下兵三川，塞轘辕、缑（gōu）氏之口，当屯留之道，魏绝南阳，楚临南郑，秦攻新城、宜阳，以临二周之郊，诛周主之罪，侵楚、魏之地。周自知不救，九鼎宝器必出。据九鼎，按图籍，挟天子以令天下，天下莫敢不听，此王业也。今夫蜀，西辟之国而戎狄之长也，弊兵劳众不足以成名，得其地不足以为利。臣闻：'争名者于朝，争利者于市。'今三川、周室，天下之市朝也，而王不争焉，顾争于戎狄，去王业远矣。"

司马错曰："不然。臣闻之，欲富国者，务广其地；欲强兵者，务富其民；欲王者，务博其德。三资者备，而王随之矣。今王之地小民贫，故臣愿从事于易。夫蜀，西辟之国也，而戎狄之长也，而有桀、纣之乱，以秦攻之，譬如使豺狼逐群羊也。取其地，足以广国也；得其财，足以富民；缮兵不伤众，而彼已服矣。故拔一国，而天下不以为暴；利尽西海，诸侯不以为贪。是我一举而名实两附，而又有禁暴正乱之名。今攻韩劫天子，劫天子，恶名也，而未必利也，又有不义之名，而攻天下之所不欲，危！臣请谒其故。周，天下之宗室也；齐，韩、周之与国也。周自知失九鼎，韩自知亡三川，则必将二国并力合谋，以因于齐、赵，而求解乎楚、魏。以鼎与楚，以地与魏，王不能禁。此臣所谓危，不如伐蜀之完也。"

惠王曰："善！寡人听子。"卒起兵伐蜀，十月取之，遂定蜀。蜀主更号为侯，而使陈庄相蜀。蜀既属，秦益强富厚，轻诸侯。

【典故演绎与职场映射】

日夜兼程、风尘仆仆的张若，带着苴侯的重托，在金牛道上疾驰。确实省了不少路程，也免去了许多艰险，张若顺利进入咸阳。事关重大，顾不上休整，即刻觐见秦王。秦王好一顿官腔，高度赞扬了苴侯的筑路之劳，同时表示，会认真考虑苴侯之请。随后便派侍从周详安置、尽心接待，让张若去官署驿馆静候结果。

张若哪里知道，早在数天之前，同样通过金牛道，蜀国的使臣已先期到达，为的也是蜀、苴之事，来游说秦国。蜀王不希望外人干涉家事，此次要是不能拿下苴侯，恐怕将永远使苴国脱离自己的藩属，这口气他咽不下去。同时，他必须再一次确认，秦国馈赠的神牛会如期而至。在得到秦王承诺后，蜀使匆匆归国——秦国本着平等尊重、互惠互利、不干涉他国内政的原则，一、不向苴国提供包括经济、军事在内的援助；二、只要蜀道贯通，神牛如期入蜀。

此时的秦王面前，有一个好消息，还有一个不怎么坏的坏消息。好消息是神牛之计原本需待蜀道全线贯通，方可启动。没想到因蜀、巴、苴三国纷争，在金牛道已通之时，蜀国自己又加班加点地抢通石牛道，攻取巴蜀之地的计划将大大提前。不怎么坏的坏消息是韩国发兵攻秦。不久之前韩王世子率韩、赵、魏三国联军来犯，被秦国击败，韩王世子战死。韩王震怒，不惜举倾国之力复仇而来。但这在秦王眼中，已无所畏惧，毕竟韩国国力大不如前。这个时候，秦王不是在考虑如何抗韩，而是在想要不要灭了韩国。拿不定主意，就和大家伙合计合计吧。司马错、张仪等一干股肱之臣应诏入宫。

秦王开门见山："诸位，巴蜀之争、苴侯求援、蜀道贯通，都尽人皆知了。韩国不自量力，再起兵锋，剑指咸阳，也无须多说。召集大家，就是商议一下，这两块到嘴的肥肉，我们先吃哪一块？""王上，还商议什么呀，一口吞之，两块通吃。"有人插了一句嘴。王殿内廷中，笑声一片。"本王倒是也想呀，只可惜胃口够大，嘴不够大，还是得一口一口的来。"秦王的心情无比愉悦，他喜欢这样耿直与憨厚的臣僚。说笑间，司马错一拱手，先行发言："王上，末将以为应先取巴蜀之地。"话音刚落，张仪收敛笑容，抢言道："非也，非也。将军此言差矣。依今日之情势，巴蜀已是囊中之物，何必如此着急。反而韩国才是我大秦要解决的当务之急。"武将出身的司马错，性格直率，对张仪的自负有些不悦，一开口就先否定别人的意见，着实可气。"蜀道已通、巴蜀结怨、蜀苴生隙，天赐良机，此时不取，更待何时？"司马错没好气地说。张仪冷笑一声："舍近求远，不图大利，只看蝇头，此为不智。"起初的和谐气氛一扫而净，两人你来我往，争论不休。众人面面相觑，显得有些尴尬。

原本是要讨论攻韩伐蜀之策，但从张仪与司马错的唇齿交锋中，秦王却听出了弦外之音。他们不仅看到了眼前，更瞄准了未来秦国的走向。再任由二人自由辩论下去，难免让真正有价值的信息，游离四散。"相国、将军勿急。"他打断了两人的对峙，"二位皆为国筹谋，目光深远，也都言之凿凿，实乃国之幸事。只是这样你来我往地逞口舌之快，于事无益，众人也听得躁乱。不如二位依次尽说其意，也好让我等详辨利害。"秦王是个称职的辩论主持人，具有极强的控场能力，也不愧为一代明君，能于纷繁之中，迅速发现本质核心。由此，也为秦国赢得了称霸的空间和平台。张仪、司马错都唱了个喏，众人也各自归位，依序落座。"那就由相国先说吧。"秦王继续在控场。

张仪清了清嗓子，对着众人一拱手，开始了他的总结陈词。"我秦国可先与楚、魏结盟，而后发兵攻取韩国三川，扼守轘辕、缑氏关口，截断屯留孤道。再请魏国出兵切断韩军自南阳而出的要道，请楚国攻击韩国国都新郑，由我秦军负责攻打新城、宜阳，兵锋直逼东、西二周，连带责难周室之前拒绝借道过师之过。周室自知危急，必将献出九鼎赎过。至此，我大秦俱得九鼎、收纳天下地图户籍，尽占三川，挟天子以令诸侯，试问谁敢不尊？如此霸业终成。至于蜀地，不过是偏隅蛮荒，化外戎狄为王，如我大秦发兵而向，徒耗国库，损兵费力，不仅于称霸无益，且威名不彰。常言道：'争名须在朝堂、逐利须在市井。'如今三川、周室，宛如天下之朝堂、市井，得之则名利双收。如王上不争，反而取戎、狄蛮夷之邦，岂不是与王图霸业相去甚远。"秦王听得意犹未尽，仿佛他已经站到了天子之都，九鼎近前，接受着天下诸侯膜拜。

"咳咳！"司马错看着扬扬得意的张仪和嘴角微扬的秦王，干咳了两声。"哦哦，那就请大将军也说说你的谋划吧。"秦王回过神来。

司马错站起身来，立在内廷中间，环顾众人一圈，也是一拱手，总结陈词："臣尝闻：'国家富庶，必然以开疆扩土为先；兵力强盛，必然以百姓富足为先；图霸王业，必然以广施恩德为先。'此三者具备，王业自成。然则我秦国地狭民贫，应避难取易。诚如相国之言，蜀地确实是偏隅蛮荒、化外戎狄为王。然而今日之蜀国，与昔日夏桀、商纣并无二状，内乱不休，国势衰败。如王上发兵取之，无异于狼入群羊。掠其地，以扩我疆域；夺其财，以富我国民。此役无须倾国而动，以微弱之代价就能换取蜀地沃野，岂不更好！也正是因为蜀国地处偏隅，我大秦灭其国，列国不会迁怒；占其财，诸侯不会艳羡；于无声中尽得实惠，而不触动列国利益。且蜀国攻苴在先，我受邀出兵，扶弱制强，可获除暴止乱之美名。怎能说无名无利呢？再者，如依相国之谋，攻韩并胁迫天子，此举实在太过鲁莽。周室虽弱，但仍为天下共主，刀兵相向，只会令天下共愤。且齐国为韩、周盟国，韩自知三川将失，周室自知九鼎不保，必然请齐国出面调停，齐国不会坐视不理，定与赵国同谋，向楚、魏陈明利害，劝两国不与我国结盟。即便齐、赵不理，韩、周一样可以破了秦、楚、魏之盟。如周将九鼎给楚，韩将割地于魏，请问王上，你又能制止得了吗？相国之谋又将如何施展？攻韩迫周，存在太大的变数，我秦国不能一己掌控，稍有不慎，就会陷入诸侯合围之中，过于凶险。唯有攻蜀方为万全之策。"这次是秦王和众人一并点头，就连张仪，也隐去了先前的骄傲。

秦王总结："相国与大将军，各抒己见，皆入木三分，于国事至善至诚，本王欣慰。有此文韬武略，何愁王业不成。细思之下，大将军所言与秦国实际更为契合。吾意已决，伐蜀！"众人皆称"善！"

两害相权取其轻，两利相权取其重。在面对利害权衡时，要形成综合比对分析的意识。司马错的观点之所以得到秦王及众人的认可，就在于他通过多维度的分析，眼界更为宽广，透析出了事件的本质和核心。张仪仅仅是在用攻韩之利与伐蜀之弊作比较，而司马错却分析出了攻韩本身的利弊、伐蜀本身的利弊、攻韩与伐蜀之间的利弊对比。在此基础之上，他还将攻韩伐蜀与秦国的实际相联系。同时，司马错还关注到了秦国无论攻韩还是伐蜀，会对列国产生怎样的关联影响。在多维度分析的支撑下，自然比张仪之策更加务实和富有针对性。

面对纷繁复杂的生活、职场，在进行选择前，不妨去尝试一下，分析事件本身的利弊、事件之间的利弊对比、事件与自身实际的关联、事件发展衍生出的关联效应，将会使你的决定更为客观、精准、可行。

21　求同存异

　　秦宫里的辩论赛圆满结束，秦国君臣思想高度统一。那还等什么，说干就干，该出手时就出手。公元前316年，秦惠王以司马错为帅，张仪、都尉墨等辅之，经由金牛道（石牛道）发兵攻蜀。而对韩国，秦王采取了怀柔之策，将蜀、苴游说时带来的奇珍异宝、金银钱财，一股脑儿地陪着笑脸转送韩王，韩王就坡下驴，罢兵还国。

　　秦军攻蜀之时，蜀王怀着对秦国背信及神牛骗局的愤怒与无奈，亲自率军至苴国葭萌抵御。秦军在苴国协助下，只用了10个月就攻陷成都，占领蜀境。蜀王兵败遁逃，终被秦军捕获所杀。至此，秦定蜀国、取消蜀王封号，以蜀国公子通为蜀侯，任命陈庄为蜀相，而张若则成了第一任秦国蜀郡太守。再后来张若调任秦国黔中郡守，水利专家李冰接替其职，遂成都江堰。而石牛道、金牛道贯通而成的蜀道，将蜀地的物资源源不断输送至关中及战场前线。加之秦国后来将计就计修筑的郑国渠，使得关中平原沃野千里。秦国最终能国力绵长、横扫六合，正是得益于关中平原、成都平原两大后勤保障基地强大的物资供给能力。而这一切又与司马错力主伐蜀的非凡谋略紧密关联。当今天的人们在陕西韩城司马故里去凭吊"史笔昭世"的太史公，感慨"史家之绝唱，无韵之离骚"时，也别忘记了，这位以《史记》千古流芳的司马迁，其八世祖正是大名鼎鼎的秦国名将司马错。

蜀国归秦了，苴国也在劫难逃，秦军顺手灭之。苴侯恐怕这个时候才会想起，就在不久前的春秋时期，晋国"假道伐虢"，与今天苴国结局如出一辙。可见，知识是多么重要，不学习真可怕！蜀、苴被灭后的两个月，张仪力谏秦惠王吞并巴国，在宣太后芈八子的支持下，终获批准，巴国遂灭。至此，巴蜀之地连城一片，尽入秦国版图。随后司马错于巴国旧地江州（今重庆江北区）驻防，频频东侵楚国，并攻取楚国黔中，使秦国完成对楚国的迂回战略包围，居高临下虎视眈眈。而此时的张仪，在郡守张若的协助下，仿照咸阳城规制，历经9年，对成都、郫城、临邛三城加以改造修整，终成西南繁华重镇。

司马错灭蜀，打得酣畅淋漓。搁置争议，求同存异，张仪的表现同样可圈可点。他并没有因为政见不和，而消极懈怠。反而在方略已定的情况下，全力以赴协助司马错。不仅如此，张仪在司马错伐蜀的基础上，又衍生出了吞并巴国、经营三城的新方略，终使秦国因国力大增而傲视群雄。如果张仪持一己私利，因自己观点未被采纳，而怨恨甚至诋毁伐蜀，以其相国之位和影响力，必然会使很多人趋炎附势，由此再形成攻韩派与伐蜀派、相国系与将军系的嫌隙，导致人心浮动，秦国能否顺利实现战略意图，恐怕要被画上一个大大的问号。

【职场映射】

企业日常经营管理中，遇到涉及整体性、方向性或跨部门的事件及问题时，需要组织相应层级的管理人员，共同商讨。目的是集思广益，也是为了在最大范围内达成广泛的共识，使问题得到有效的解决。在商讨研究的过程中，分歧的产生是在所难免的，因为不同的管理者根据其所管辖的业务特点，会从不同的角度表达自己的观点，这些都是很正常的现象，

"民主集中制"很好地解决了在产生分歧时如何确保决策效率。决策的"集中"在很多企业中，基本上是由领导者来完成的。我们在这里不去探讨"集中"下的决策是否客观、正确，只就决策后的实施过程进行分析。经常发生的情境是，很多管理人员会将自己在会议中的观点带离会场，以一种有意或无意、正式或非正式的状态，在同僚、下属之间进行"演绎"，回放会场的情境、坚持自己的观点、批驳不同的理念，甚至以极富表演特性的状态来诠释自己的情绪。这个时候，会场中被确定下来的议案或决策，已经开始在部分企业成员间产生了消极的抵触。大家没有了坚决执行的态度，而是抱着挑剔、反向印证的心态，甚至还有将会场争议在实际执行中刻意放大的情形。

求同存异是为了统一思想，统一思想又是企业有效管理的基石。很多时候，我们达不成共识，不仅仅是分歧本身的问题，而是我们没有"求大同存小异"的心境。

22　相府宝璧失踪谜案

卧榻之侧岂容他人酣睡。秦国蚕食，黔中新丧，这让楚王闷闷不乐。然而比楚王更加郁闷的还有楚国令尹（相国）昭阳。相府之中，风戏残烛。昭阳身穿便服，斜倚在几案上，对着摇曳的烛火发呆。白天朝堂上的景象犹在眼前，楚王怒不可遏，咆哮着要夺回黔中、驱逐秦国势力于巴蜀之外。然而王殿中的楚国百官都心知肚明，秦国立足已稳，逐秦夺地谈何容易呀！张仪，自然成了众矢之的，楚国君臣齐齐地隔空喊话，咒骂张仪。也只能这样了，除此之外，还能怎样呢？远在千里之外的张仪对此一无所知，就算知道也不过是报以冷笑而已。不过，对昭阳而言，一桩陈年旧事浮上了心头。

那是一个花好月圆的夜晚。相府中欢声笑语，觥筹交错。昭阳设宴，款待府中门客（养士之风，发于春秋，盛于战国。王室权臣竞相招揽各种人才，或为彰显名望，或为壮大力量，或为用人所长为己分忧解困。而出身卑微之士，自持有一技之长，在入仕无门的情况下，也纷纷投身显贵，借此寻求出人头地的机会。各取所需，王公贵胄争相礼贤下士、不拘一格网罗人才。规模浩大者如"战国四大公子"，门客三千不过是稀松平常之事。由此也形成了战国时期"士无常君，国无定臣"的人才流动、竞争局面——是不是与当下企业之间人才的流动、竞争很相似呢！）。

席间众人畅所欲言，谈古论今，纵论天下，好不热闹。此时的张仪，正位列其间。自学业已毕，与鬼谷子一别后，张仪怀着满腔热情回到故乡魏国，以为能凭着满腹经纶入仕魏王，怎奈何一介寒衣，连魏王长什么样子都没看到，就被拒之门外了。吃了闭门羹的张仪开始周游列国，世界那么大，他还没看看呢。当张仪来到楚国时，遇见了楚国令尹昭阳。昭阳觉得张仪有才识，但这个才识能不能为我所用，他还不是很清楚，也不想那么快搞清楚。既然来了，就留下吧，日后慢慢聊、慢慢熟悉，张仪就这样成了昭阳的门客。

一曲终了，昭阳看着满堂门客，笑盈盈地站起身来，"诸位，本相近日得了一件宝物，趁着今日高兴，与大家一同鉴赏，如何？"众人齐声附和。昭阳遂让管家从内室中取出一个楠木锦盒，双手小心翼翼地将一物托出。众人定睛一看，原来是一块宝璧。这块宝璧周身圆润，中有一孔，晶莹剔透，在烛火的映衬下，发着淡淡的墨绿光晕，透着若有若无的灵气。"果然是宝物！"有人说道，"只是离我等太远，无法细品。相国大人若是不嫌弃，可否传将过来，好让我等也沾沾珠光宝气。""无妨、无妨，只是要小心把玩，不可失手呀！"昭阳同意了众人所请。于是这块宝璧就这样依次传瞻，一时间啧啧声四起。昭阳更加得意，一抬手，"把酒奏乐，继续畅饮。"顿时堂内又掀起了一阵歌舞笑言。

醉意渐浓，面红颊粉的昭阳有些不胜酒力。他将樽中最后一口酒饮完后，屏退了歌舞。"诸位，今日畅饮，着实开怀。无奈国事繁杂，本相不敢懈怠，明日还要与王上商议要事，就此止宴，来日再续，也请诸位早些将息。并请于忧虑烦闷之处，诸位能助我一臂之力。"众人称喏道谢，各自起身，准备离去。相府管家见此，急忙近前对昭阳耳语，"大人，宝璧尚未收回！"邵阳这才想起，急忙起身，大声说道："诸位慢走，诸位慢走，适才于席间将宝璧传至诸位，以便观瞻。然此时尚未交还，不知在哪位手中？"话音落下时，众人也是如梦初醒，纷纷驻足，相互提醒。

然而，片刻已过，宝璧却未见现身。昭阳醉意早醒，面露不快："诸位皆是君子，君子不夺人所爱。如是喜欢，本相大可理解。但如欲窃占，就别怪本相恼怒。还请持璧之人，早早奉还！"众人此刻意识到了问题的严重性，又是一阵躁动。"是谁与相国嬉戏，适可而止，免得失了主客情分，也连累了我等。"一个清瘦的门客说道，大家随之也附和起来，"是呀是呀。"

然而，依旧没有人交出宝璧。"卫士何在？"昭阳发怒了。一队甲士应声而入，将整个厅堂及厅堂中里的众人团团围住，按剑而立。"不要逼本相搜身，今日宝璧不还，谁也别想离开半步。""相国，我愿搜身，以证清白。"那个清瘦的门客口扯着嗓子。"我也愿意。""我愿意。"门客接相回应。诡异的一幕出现了，众人接受了甲士检查，但宝璧还是无影无踪。"一定有人借席间欢饮，窃占宝璧，转移他处了。"有人说道。"对呀！对呀！"七嘴八舌。昭阳心烦意乱，"是谁这么大胆，竟敢如此堂而皇之地窃璧。此人着实可恨。"

"张仪，你就交出来吧。"突如其来的一声，让众人一惊，同时也让大家都顿感轻松，终于有线索了。而张仪却像被锥刺一般，跳了起来，"何出此言，宝璧不见，与我何干？""宝璧最后传至你手，现在不见，你怎能脱得了干系。""我座次靠后，这是实情，但宝璧轮传，我并非最终一手，如此猜忌，陷我于不义，是何居心？""相国，张仪贫困且举止卑劣，府中皆知，今日见此至宝，岂能不动心垂涎，定是他乘人不备，窃占宝璧，转移藏匿。""是呀！是呀！""没错，定是张仪！"貌似昭阳府中的门客都是些"复读机"。

昭阳脸色铁青，看着张仪，"是不是你？我待你为上宾，你怎能行如此不堪之事?""相国休听宵小谬言,张仪虽贫,但绝无窃璧盗宝之心,还请相国明察。"张仪有点儿着急了,他万万没想到,事态会发展成这个样子。"明察,那就让竹板明察吧!"昭阳发话了。还没等张仪反应过来,几个门客蜂拥而上,将他摁倒在地,两名身材魁梧的甲士,手持竹板也到了近前。这一切都仿佛是排练好的一般,一气呵成,默契十足。噼里啪啦的竹板交替而下,张仪被人死死按住,动弹不得,连连哀号:"张仪冤枉,相国明察;张仪冤枉,相国明察。"不消片刻,张仪臀部已是皮开肉绽、血肉模糊,呼号之声减弱,但仍不服软,坚称未盗宝璧。

昭阳此刻没了主意,一众门客更是失了主张,刚才污蔑张仪之人也悄悄隐入人后。"住手。"昭阳终于叫停了卫士,"百笞之下,仍无所获。疑点颇多,容后再察吧。"再这么闹下去,第二天不仅是楚国王城,恐怕整个楚国,甚至天下都知道了相府失璧的丑事了,他得给自己找个台阶下。"今日之事,本相也累了,都散去吧,明日再做计较。"昭阳说完,头也不回地走进内室。一众门客都像挣脱了枷锁的群兽,迅速四散而去。厅堂之中,奄奄一息的张仪被相府卫士抬了出去,送回家中。其妻见状,容颜失色,一边清理伤口,一边埋怨道:"要不是你读了那些不堪所用的书,恃才游历,怎么会惹来今日的祸端,受此奇耻大辱?""我舌头尚在否?"张仪于迷迷糊糊中突然一问,其妻竟被逗乐了,笑骂道:"板子打的是屁股,怎么把脑子也打坏了。舌头不在,你怎能言语。"张仪痴痴一笑,"舌头在就好。屁股不打紧,有舌足矣。"

张仪相府被疑,自然不会再为昭阳所用;而其受辱,也决意不会再留楚国。张仪走了,昭阳无动于衷,他巴不得这个家伙赶紧从他的眼前消失。宝璧最终还是下落不明,这件无头悬案随着时间的推移,也就渐渐地被人们所遗忘了。只是张仪这一走,让秦国多了一个纵横捭阖的相国,让天下诸侯多了一个难缠的对手。

张仪入秦为相后，专门给楚相昭阳写了一封挑衅意味浓厚的檄文，陈明前事并警告昭阳，"昔日我为门客，与酒宴之间，并未窃占相国宝璧，但却被无端污蔑并遭鞭笞之辱。相国看护不住宝璧，就守好你的楚国吧，我必然要窃楚城池！"

昭阳想起的这桩陈年旧事，虽未载入《战国策》，但《战国策》中的诸多事件，无不与其紧密关联。张仪受笞，于冥冥之中，注定是一场"蝴蝶效应"。司马错伐蜀、楚国丧城失地，以及后来被张仪多次欺楚、弱楚，更让楚国吃尽苦头。自然，随着张仪入秦，也引出了他与另一位纵横家代表人物陈轸之间的恩怨情仇。

【职场映射】

在我们感叹造化弄人之际，不仅要问，为什么受笞的是张仪，而不是别的门客？司马迁在《史记·张仪列传》中，一句阐明——"门下意张仪，曰：仪贫无行，必此盗相君之璧"。好一个"贫无行"，赤裸裸地以貌取人。当时的张仪如被昭阳看重，成了左右亲随，座上红人，即便是"无行"，恐怕这板子也打不到他的身上。很多人睁着一双明晃晃的"势利眼"，以貌取人、以势度人、以财近人，能借光取利时，趋之若鹜；无可所图时，则冷眼相向，甚至恶语中伤，且无所顾忌。这不就是典型的"晕轮效应"吗？而据此产生的偏见，不仅影响着对人、对事、对物的客观认知和判断，也可能会在无心或有意之中，成了伤害他人的利刃。

23　段子手陈轸

【原文1】秦策一·田莘之为陈轸说秦惠王

田莘之为陈轸说秦惠王曰："臣恐王之如郭君。夫晋献公欲伐郭而惮舟之侨存。荀息曰：'《周书》有言，美妇破后。'乃遗之女乐以乱其政。舟之侨谏而不听，遂去。因而伐郭，遂破之。又欲伐虞，而惮宫之奇存。荀息曰：'《周书》有言，美男破老。'乃遗之美男，教之恶宫之奇。宫之奇以谏而不听，遂亡。因而伐虞，遂取之。今秦自以为王，能害王者之国者，楚也。楚智横门君之善用兵，与陈轸之智，故骄张仪以五国。来，必恶是二人。愿王勿听也。"张仪果来辞，因言轸也，王怒而不听。

【原文2】秦策一·张仪又恶陈轸于秦王

张仪又恶陈轸于秦王，曰："轸驰楚、秦之间，今楚不加善秦而善轸，然则是轸自为而不为国也。且轸欲去秦而之楚，王何不听乎？"

王谓陈轸曰："吾闻子欲去秦而之楚，信乎？"陈轸曰："然。"王曰："仪之言果信也！"曰："非独仪知之也，行道之人皆知之。曰孝己爱其亲，天下欲以为子；子胥忠乎其君，天下欲以为臣。卖仆妾售乎闾巷者，良仆妾也；出妇嫁乡曲者，良妇也。吾不忠于君，楚亦何以轸为忠乎？忠且见弃，吾不之楚，何适乎？"秦王曰："善!"乃止之也。

【原文3】秦策一·陈轸去楚之秦

陈轸去楚之秦。张仪谓秦王曰："陈轸为王臣，常以国情输楚，仪不能与从事，愿王逐之。即复之楚，愿王杀之。"王曰："轸安敢之楚也。"

王召陈轸告之曰："吾能听子言，子欲何之？请为子车约。"对曰："臣愿之楚。"王曰："仪以子为之楚，吾又自知子之楚，子非楚，且安之也!"轸曰："臣出，必故之楚，以顺王与仪之策，而明臣之楚与不也。楚人有两妻者，人诮（tiǎo）其长者，长者詈（lì）之；诮其少者，少者许之。居无几何，有两妻者死。客谓诮者曰：'汝取长者乎？少者乎？''取长者。'客曰：'长者詈汝，少者和汝，汝何为取长者？'曰：'居彼人之所，则欲其许我也。今为我妻，则欲其为我詈人也。'今楚王，明主也，而昭阳，贤相也。轸为人臣，而常以国输楚王，王必不留臣，昭阳将不与臣从事矣。以此明臣之楚与不。"

轸出，张仪入，问王曰："陈轸果安之？"王曰："夫轸天下之辩士也。孰视寡人曰：'轸必之楚。'寡人遂无奈何也。寡人因问曰：'子必之楚也，则仪之言果信矣!'轸曰：'非独仪之言也，行道之人皆知之。昔者子胥忠其君，天下皆欲以为臣；孝己爱其亲，天下皆欲以为子。故卖仆妾不出里巷而取者，良仆妾也；出妇嫁于乡里者，善妇也。臣不忠于王，楚何以轸为？忠尚见弃，轸不之楚而何之乎？'"王以为然，遂善待之。

【典故演绎与职场映射】

张仪不是神，既然是凡人，就不能免俗，于人前道德昭然之际，也有着心底深处的阴暗。或许是楚国受笞之辱，让张仪在日后的官场沉浮中，陡增了几分阴险之色。楚国不能留了，那就去秦国。经过商鞅变法后秦国焕然一新，君明臣贤、欣欣向荣，恰巧此时也在大肆招揽天下才俊。张仪伤势痊愈后，背着行囊上路了。在同窗好友苏秦暗中且巧妙的帮助下（载于《史记·张仪列传》），张仪成功地被秦惠王拜为客卿，有机会参与秦国军政大事的谋划。所谓客卿，说简单点，就是处于试用期，没有被赋予明确的岗位职务，也没什么实质性职责权力的国家幕僚。秦王要在试用期里好好考查一下张仪的能力，以便量才适用。而与张仪同在试用期的，还有陈轸。两人的恩怨情仇就此拉开序幕。

陈轸，战国时期纵横家的代表人物。在那个"士无常君，国无定臣"的时代里，曾先后就职于齐、秦、楚三国。张仪虽与陈轸共事不久，但在为数不多的朝堂例会中，他明显能感觉到，这个人的存在，将是他转正路上最大的障碍。陈轸才学见识并不在自己之下，更有胜于他的是，陈轸是个段子手，这个优势太可怕了。必须想办法挤兑他，最好在试用期就让秦王辞退他。嗯，就这么办，张仪心中的阴险浮于脸上。

早朝散尽，秦王叫住张仪，"张子来秦也有些时日了，平日里更多的是为国谋划，替本王分忧。今日闲暇，你我不必拘束，谈谈你来秦国后对朝野之中有何感受，也好让本王了解一二。"对秦王而言，这是一次例行的新员工入职座谈。而对张仪来说，他看到的却是千载难逢的机会。"王上，臣来秦侍君，尚寸功未建，着实惭愧。"开场白一般都是这样的。"说了不必拘束，客套之言就不要再讲了。"秦王笑了笑，这样的言辞他听得多了。"喏。"张仪要切入正题了，"王上，臣观朝中众人，尽能以国事为重，殚精竭虑，秦国方能通力向心，使六国不敢小视。然则，居然有那么一位，心怀私利，且有背国叛主之嫌，王上不能不察，也不得不防呀。""哦？竟然有如此之徒，本王倒是疏忽了，此为何人？"秦王盯着张仪，表情严肃而认真。"客卿陈轸"，张仪也是够直白。秦王哈哈大笑："张子言重了。你与陈轸素有不睦，本王尽皆知晓，先前田莘也曾向本王提起过你们二人之间的嫌隙。同朝为官，共赴国事，不能失了容人之量呀。"张仪一愣，不过很快回过神来，话已出口，如就此打住，只会在秦王面前落下个嫉贤妒能的印象，必须再接再厉。"王上，先前臣对陈轸有所误解，但今日之言，绝非儿戏，更无私念。陈轸常为我秦使，出使楚国，本该尽忠职守，在邦交往来中，为国谋利。然则，楚国却只认陈轸，不尊王上，轻视秦国。这是为何，皆因陈轸只为一己私利，迎合楚国，讨好楚王。一则可为自己留下后路；二则更有叛秦入楚之心，王上切勿被其蒙蔽。"秦王摆了摆手，"张子之言，权且记下，不可再说予他人，免得伤了同僚情分。你自退下，本王自有思谋。"张仪喏喏而出，此时的他知道，秦王虽不全信，但也不会不信，没驳斥就是好的开始，好的开始将是成功的一半。回府的路上，张仪有些得意。

秦王果然将信将疑，召唤陈轸入宫，他要一探虚实。陈轸来了，带着他的段子来了。"听说先生将背秦去楚，可有其事？"秦王显然被张仪的话给蛊惑了。不愧是陈轸，没有任何惊慌之情，或许他在进宫的那一刻，就知道了秦王与张仪私谈，张仪必会借机诋毁他。"王上，确有其事。"陈轸回答得干脆直接。反而是秦王还没做好思想准备，心想"看来张仪所言不虚"。陈轸微微一笑，果然是张仪捣鬼。"何止张仪所言不虚，陈轸离秦路人皆知，王上难道不知？"陈轸反问。秦王面色难堪，默不作声，他在想，真的是本王消息闭塞，耳目不灵了，居然对此毫无察觉。

陈轸见秦王不说话，接着说道："王上，世人皆知前朝孝已（著名孝子）之事。孝已虽未为王，却因其孝感动天地而被追谥为殷商高宗，配享宗庙。以至于其孝行惹得天下为人父母者，皆希望孝已为自己的子女；再如吴国大夫伍子胥，因忠于其主而誉满天下，惹得君王诸侯皆希望能得到伍子胥，以尽忠王事；贫寒之家迫于生计，将子女卖为仆妾时，唯有被卖之人品良勤快，才能售予熟识人家，不然谁敢买之，又怎能卖得出去；在乡邻之间嫁女儿，正是说明此女可为良妻，不然人皆熟识，知其秉性，谁愿娶之。诚然，如我陈轸在秦国尚不能忠君爱国，反行叛国背主求荣之事，那楚王又怎会垂青于我，邀我入楚呢？我自来秦国，忠心耿耿，今日却无端被人构陷，被王上猜忌，这不是我要去楚国，而是秦国不容，逼我离开。"寓情于理，反证其忠，陈轸有点儿小情绪，秦王有点儿小感动。"贤卿言之有理，是本王唐突了，不该听信张仪之言，还请贤卿勿怪，也勿生他念，秦国即为卿之家，我的秦国咱们的家。好好干，秦国需要贤卿。"秦王真情流露，终于消除了陈轸的愤怨，留住了人才。孔子一定没有想到，在他身后的200年，有一个叫陈轸的人，竟是在这样一种情境下，实践了他的"己所不欲勿施于人"。

西汉刘向在编集收录《战国策》中诸多典故之时，大概是对陈轸有着特别的偏好，以至对张仪构陷陈轸这一情节，连续记载了两个不同的版本，而这种情况在《战国策》中也仅此一例。在另一个版本中，陈轸同样给秦惠王讲了一个段子："昔日楚国，有一人娶了两个妻子。另有一好色之徒，怦然心动，艳羡不已，他决定亲自上阵，分别勾搭两妻。然而年长之妻断然拒绝，且言辞凌厉；而年少之妻，欣然顺从。没过多久，两妻之夫驾鹤西游。众人于笑谈之间问好色之徒，如果于两寡之中，择一而娶，你会选哪一个？好色之徒答曰：'娶年长之妻！'众人好奇：'年长之妻不为所动，且严辞相向；年少之妻却对你投怀送抱。今日其夫已亡，顺水得之，你怎么反而选了年长的？'好色之徒再曰：'二妇为他人之妻时，我自然希望其受我蛊惑；反之，如为我妻，则不可乱了贞洁之仪。'诚如张仪所言，我常常将秦国之机密泄露于楚王，以求得荣华显赫。那么今日可泄秦国之事于楚国，他日也能将楚国之事泄于诸侯。如此我若真去楚国，不是助楚，而是害楚，依楚王之明、楚相昭阳之贤，岂能不察？"

陈轸最终还是在宫廷争宠中，败给了张仪。秦王以张仪为相，陈轸于不得志中还就真的去了楚国为官。不过，陈轸虽然不及张仪纵横天下，威风八面，但我们今天所耳熟能详的成语"画蛇添足""卞庄刺虎"皆出自于他口。而其之所以被惜字如金的司马迁在《史记》中着以浓墨，更多的也是得益于他的好口才。

职场中的我们，如果也能如陈轸一般，讲得了一手好故事，于婉转处尽显本意，于平淡处偶得生动，于直白处生出诙谐，将对沟通有诸多裨益。然则，怎样才能讲得了故事呢？多看些书吧，自然也包括网络信息。在我看来，看书（包括网络信息）有3个阶段：一为"开卷有益"；二为"读万卷书，行万里路"；三为"学富五车，才高八斗"。

如果你初入职场，可以选择一些富于哲理但又不是特别高深晦涩的人生感悟类图书，这将有助于培养你的人文精神，树立积极阳光的价值观，完善个人素养。

如果你已经工作了3年左右，可以选择一些有助于开拓工作思路、创新工作方式的图书，这将会为你下一步的发展奠定坚实的理论基础。

如果你是一位中层管理者，可以选择一些团队管理、绩效激励、管理理念的图书，使自己在带团队的时候更加有效。

　　如果你是一位高层管理者，除了要补充企业运作本身所涉及的专业知识外，可能还要更加关注历史国学、社会变革、财经分析、经济观察等图书。企业的发展和管理不能仅仅局限在内部，其与社会、政治、经济、人文发生密切关联。

　　如果你是一位销售人员，除了营销技巧之外，最好还能观察客户喜好，补充相应知识，以寻找双方"感兴趣"的共同话题，拉近彼此的距离，增加成功的保障，而不仅仅是把自己的产品介绍背的滚瓜烂熟。

　　如果你是一位领导者的助理或秘书，那么多留意一下管理类杂志的总编寄语或商业评论，可能上司的讲话稿会写得更加精彩。

　　养成看书的好习惯吧，配上一个别致的书签，慢慢地品读，感受人生、汲取智慧、改变思维、增强技能、开拓眼界，你也能成为职场中的段子手。

24　扁鹊不止见过蔡桓公

【原文】秦策二·医扁鹊见秦武王

医扁鹊见秦武王，武王示之病，扁鹊请除。左右曰："君之病在耳之前，目之下，除之未必已也，将使耳不聪，目不明。"君以告扁鹊。扁鹊怒而投其石曰："君与知之者谋之，而与不知者败之。使此知秦国之政也，则君一举而亡国矣。"

【典故演绎与职场映射】

看多了战国时的征伐杀戮、听多了宫廷中的尔虞我诈，不免使人觉得躁乱。那就换个频道，改改口味，说说医者仁心的那些事。扁鹊见蔡桓公的故事家喻户晓，但扁鹊见秦武王之事知道的人就少了。在这之前，先要交代清楚几个问题，免得产生混淆。

问题一：蔡桓公何许人也？记载于《韩非子·喻老》之《扁鹊见蔡桓公》一文中的蔡桓公，确切地讲应该是齐桓公，齐国"田氏伐齐"后的第三任田氏国君。完整称谓是妫姓，田氏，名午，谥号"孝武桓公"。需要注意的是，在齐国历史上，还有一位齐桓公，即春秋时期的五霸之首，姜姓，吕氏，名小白。为了便于区分，以春秋战国为界，吕小白即为春秋齐桓公、田午则为战国齐桓公。春秋齐桓公能称霸天下，得益于他遇到并重用了一个好相国，此人就是让诸葛亮每每自比的"法家先驱""圣人之师""华夏第一相"——管仲。而战国齐桓公，不应该仅仅以为他只是成就了名医扁鹊的那个自负诸侯。对于中国思想文化的发源，他同样功不可没。其所创建的齐国"稷下学宫"，是"诸子百家"学术交流碰撞、著书立传的主阵地，推动和形成了蔚为壮观的"百家争鸣"。同时，稷下学宫也是世界上第一所由官方举办、私家主持的综合性高等学府。（注：东汉灵帝时期设立的鸿都门学，则是中国最早的专科高等学府，偏重于文学艺术的研究和学习。）那么有没有蔡桓公呢？西周建国时，周武王分封诸侯，是有一个蔡国（现今河南省上蔡县一带），与周王室同为姬姓宗室，它的第七代国君为蔡桓侯。不过因年代久远，与扁鹊并非同一时期。

问题二：扁鹊是何许人也？在《史记》之《扁鹊仓公列传》中有明确的记载。扁鹊者，春秋战国名医秦越人；仓公者，西汉初年名医淳于意。扁鹊姬姓，秦氏，名缓，字越人，又号卢医，系赵国渤海郡人士，出生于公元前407年。未成名之前，大家都叫他秦越人。年轻时的秦越人，并没有想过要去做个医生，不过是街巷旅店中的一名管事，踏踏实实工作，热情周到地服务于往来客人。一个叫长桑君的客人与之熟识后，才改变了他的命运轨迹。据说这个长桑君给了秦越人一服秘药，喝了30天后，居然能隔墙观物，更能透视人的五脏六腑，这会不会是最早的X光机？就这样，秦越人成了名医。他行医有个特点，能因地制宜，根据不同地方的人情世故、病源状态，开展相应的专科诊疗。在赵国，妇女地位高，他就专治妇科疾病；到洛阳时，周人有敬老的传统美德，他就专治耳聋眼花之疾，进行四肢痹痛的康复性训练；到了秦国，感受到秦人喜爱孩子，他又做起了儿科医生。每到一处，他总能发现商机，并有针对性的开拓市场，2000年前的一个医生尚且如此，反而今天很多的企业，在市场开拓的过程中显得盲目浮躁。

以精湛医术游历天下、解万民之疾苦的秦越人，被老百姓们称为神医。大概是觉着神医的名头还不足以彰显他的医术、医德，于是人们又亲切地称其为"扁鹊"。为什么这么称呼他呢？因为当时的人们，觉得秦越人就如同上古神话中轩辕黄帝时的神医"扁鹊"一般。据相关零散史料所记，上古扁鹊是黄帝部落中一位掌管医药发明的臣子。由此，大家应该搞清楚，扁鹊其实是根据上古事迹引申而来的一个称谓，用来形容医术精湛之人。就如同将聪明的人称为"小诸葛"，将漂亮的女孩称为"赛西施"一样。

秦越人行医诸国，名扬天下，自然也被王侯将相们奉若上宾，免不了出入宫闱，这既为他带来了荣耀，也带来了杀身之祸。公元前357年，50岁的扁鹊见到了齐桓公，为后世留下了"扁鹊见蔡桓公"的典故。公元前310年，扁鹊来到了咸阳，此时的秦国国君是秦武王。秦武王病了，他奉命行医，但不曾想到的是，这次诊治竟成了他人生中的最后一次行医，他的生命也随着这次诊疗画上了句号，终年97岁。

问题三：秦武王是谁？秦武王，嬴姓，名荡，秦惠王之子，秦孝公之孙，秦始皇嬴政曾祖父的哥哥。此人孔武有力，有着力拔山兮气盖世的猛劲。武人出身的他，不怎么喜欢张仪，在公元前310年继承王位后，干的第一件事，就是驱逐张仪出秦国。无奈之下的张仪回到魏国，出任魏相，一年后去世。

秦武王天生神力，主政期间，秦国加大了对勇猛之士的招募，大力士乌获、任鄙、孟说皆因此受到重用。公元前307年，秦武王率兵进驻洛邑，耀武扬威。自恃神力与孟说比试举鼎（九鼎之中代表雍州的龙文赤鼎），不幸失手砸中小腿，胫骨折断，失血过多而亡，年仅23岁。孟说因此获罪，被右丞相樗里疾株灭九族；乌获被贬；只有任鄙因当时劝阻武王而未受牵连，后官至秦国汉中郡守。秦武王在位虽然只有短短的4年，但还是颇有建树的。还记得之前司马错灭蜀后，秦国蜀郡第一位蜀相陈庄吗？他叛乱了，但很快就被武王派左丞相甘茂平定，使秦国能够继续巩固对巴蜀的管辖；而秦武王之所以会举鼎，是因为秦军攻克韩国宜阳，斩敌6万，他高兴呀。

秦占宜阳后，取得了两大战略优势：一是宜阳战略位置极其显著，可挟东西二周、北攻燕赵、东伐魏齐、南伐宛楚，并完全控制崤山、函谷关之险。秦对宜阳经营加固，使其成为东进扩张的桥头堡。此战也是整个战国时期的转折点，其他六国自此转入战略防守阶段，直至灭亡。二是韩国之所以能位列战国七雄，一个很关键的因素，宜阳是当时天下著名的铁山，韩国的铁兵器制造技术娴熟精湛。在春秋战国那个以青铜为主的冷兵器时代，铁质兵器无疑是争霸图强的国之利器。同时，铁质农具的使用，也极大地提高了生产效率，促进了国家经济实力的增强。当这两点优势转为秦国所有时，秦武王怎能不乐，只不过这一高兴就得意忘形了，最后落得个乐极生悲。秦武王还在秦国首设丞相一职，分置左、右丞相，甘茂为首任左丞相，樗里疾为首任右丞相，后世丞相之名由此而生。除此之外，还进行了更修田律、修改封疆、疏通河道、筑堤修桥等一系列内政建设。总之一句话，秦武王并不是一个只有蛮力而没脑子的人。

猛力过人的秦武王，也得吃五谷杂粮，有个头疼脑热的也不可避免。刚继承王位不久的他病了，恰好神医扁鹊也在咸阳。机会难得，不用排队预约挂号，那还等什么，赶紧看病吧！秦武王传令扁鹊入宫。

扁鹊施展医术，端详了一番秦武王，把了把脉，开了几服汤剂，聊了聊家常，就告退出宫了。秦武王看着药方，喃喃自语道："本王之疾凭这几碗药汤就能痊愈？"左右近臣见状，一脸的忠心耿耿，且颇具忧虑地提醒武王："王上之疾在耳前眼下，此处联通七窍，性命攸关。宫中太医尚无良方可施，一个江湖游医又怎能治愈。服其汤剂，不见奏效也就罢了，再毁及连带，使耳不能听，眼不能视，将危及国之根本，还请王上三思，不可轻信山野术士。"秦武王觉得言之有理，但又无他法，一时间疑虑不定，扁鹊所开药方也就被搁置一旁了。

过了几日，扁鹊入宫复诊，问武王按时吃药了没？感觉好点儿了吗？武王答曰："国事繁重，一时间忘了，尚未服用。"并将左右近臣疑虑之言，说给神医听。扁鹊闻言，将手中砭石置于座前（砭术为中医六大医术之一，砭、针、灸、药、按跷、导引），恼怒不已："如遵嘱咐，按时服药，今日便可行砭石之术，疾患尽除。王上求医心切，就该谨遵医嘱，如有疑虑，可向医者问询。然不解之处，却与不晓医道之人多有非议，以致干扰治疗，实为不智。由此可见，秦国之内政，与病理相通，王上与通晓战事、谋略之臣议定国策，却与不擅、不通、不精之人妄加评议求证。如此下去，国之疾患，将无药可救。"这就是专家，权威范十足，管你什么王侯霸主，找医生看病，又不听话，那就别看了。秦武王一脸的愧色，陪着笑脸："先生勿怪、先生勿怪。全凭神医主张，本王再无他想。来人，煎药，本王有病，药不能停。"在医生的精心调治下，在患者的积极配合下，不消时日，秦武王的病就连根祛除。

就在医患关系和谐生睦之时，两道冰冷的目光射向扁鹊。同行是冤家，秦国太医李醯将武王与扁鹊的熟络看在眼里，记在心里，更对扁鹊的医术羡慕嫉妒恨。李醯心想："此人留在秦国，极有可能受到王上重用，动摇我得来不易的功名利禄，必将除之后快。"公元前310年，扁鹊遇刺身亡，千古名医就此陨落。

扁鹊见秦武王，说明了一个道理，遇事要"与知之者谋之"，切忌"与不知者败之"。工作、生活中遇到问题、困难时，应该和具备相关领域知识、技能、经历的人多沟通、多探讨、多请教，这样得到的建议才能更客观、更准确。尤其是在做出决定后，今天这个人一说，觉得有道理，明天那个人一说，也觉得有道理，举棋不定，左右摇摆，反而让自己变得犹豫不决、平添纷扰。不仅于事无补，更有甚者，还会因此频繁更改决定，失了长性和坚持，导致混乱和失败。

25 宜阳之战

【原文1】秦策二·秦武王谓甘茂曰

秦武王谓甘茂曰："寡人欲车通三川以窥周室，而寡人死不朽乎？"甘茂对曰："请之魏，约伐韩。"王令向寿辅行。

甘茂至魏，谓向寿："子归告王曰：'魏听臣矣，然愿王勿攻也。'事成，尽以为子功。"向寿归以告王，王迎甘茂于息壤。

甘茂至，王问其故。对曰："宜阳，大县也，上党、南阳积之久矣，名为县，其实郡也。今王倍数险，行千里而攻之，难矣。臣闻张仪西并巴、蜀之地，北取西河之外，南取上庸，天下不以多张仪，而贤先王。

"魏文侯令乐羊将，攻中山，三年而拔之，乐羊反而语功，文侯示之谤书一箧（qiè），乐羊再拜稽首曰：'此非臣之功，主君之力也。'今臣羁旅之臣也，樗里疾、公孙郝二人者，挟韩而议，王必听之，是王欺魏而臣受公仲佣（péng）之怨也。

"昔者曾子处费，费人有与曾子同名族者而杀人，人告曾子母曰：'曾参杀人。'曾子之母曰：'吾子不杀人。'织自若。有顷焉，人又曰：'曾参杀人。'其母尚织自若也。顷之，一人又告之曰：'曾参杀人。'其母惧，投杼（zhù）逾墙而走。夫以曾参之贤，与母之信也，而三人疑之，则慈母不能信也。今臣之贤不及曾子，而王之信臣又未若曾子之母也，疑臣者不适三人，臣恐王为臣之投杼也。"王曰："寡人不听也，请与子盟。"于是与之盟于息壤。

果攻宜阳，五月而不能拔也。樗里疾、公孙郝二人在争之王，王将听之，召甘茂而告之。甘茂对曰："息壤在彼。"王曰："有之。"因悉起兵，复使甘茂攻之，遂拔宜阳。

【原文2】秦策二·宜阳未得

宜阳未得，秦死伤者众，甘茂欲息兵。左成谓甘茂曰："公内攻于樗里疾、公孙郝，而外与韩侈为怨，今公用兵无功，公必穷矣。公不如进兵攻宜阳，宜阳拔，则公之功多矣。是樗里疾、公孙郝无事也，秦众尽怨之深矣。"

【典故演绎与职场映射】

战争的阴霾笼罩着韩国宜阳，也笼罩在秦国左丞相甘茂的心头。整整5个月了，在秦军接踵而至连番猛攻下，宜阳之地尸横遍野、血流成河。几经易手，但宜阳还在韩军手中。阴沉的天空飘起了雪花，一垛垛的堆火旁，东倒西歪的秦军依偎取暖。偶尔的几声鸦噪，仿佛在嘲笑着甘茂的无能与秦军的无力。

"王使到——"，军报声响彻秦军大营，将士们纷纷抬头，他们多希望秦王能颁诏还师。中军大帐内的甘茂也是闻声一凛，暗自思索："莫不是王上真的失望了？"思忖间，秦武王的遣使已进入帐中，一团飞雪在疾风的裹挟下，一并涌了进来。桌案上的烛火随风乱舞，甘茂用手拢了拢，烛火恢复了挺拔。他蹙了蹙眉，抬眼问道："王上有何示意？"来使一拱手，大声说道："王上忧心战事，5月有余，宜阳不拔，如再不能取之，还请丞相早作谋划，切勿枉耗国力兵力！"使臣的话，说得冷冰冰，比这漫天的风雪还要凄厉。甘茂清楚，这是秦王的最后通牒，如再无所获，秦军无功而返之日，也将是他身败名裂之时。"王使稍候，我与王上书信一封，请王使带回，这也是我对王上的交代。"说罢，甘茂提笔。尚未等王使应允，他已将书信写好封装，送至面前。望着绝尘而去的王使和肆虐无羁的风雪，甘茂不禁有些凄凉。

"丞相，可是王上催促了？"不知什么时候，左成已悄悄立于甘茂身后。

甘茂没有回头，听话音就知道是左成，"是呀，宜阳不克，钱粮用度之盛，兵将殒命之众，王上怎能释怀？"

"丞相将作何打算？"

"5月有余，凛冬已至，将士思国，王上焦虑，不如就此罢兵吧！"甘茂深深叹了一口气，任由飞雪袭面、劲风乱须。

"丞相不可，万万不可！"左成疾言。

甘茂转身，露出一丝苦笑，轻轻地拂去左成满身雪片，"有何不可？事已至此，王上不允，后军无援，兵疲粮竭，韩军又坚守不出。不息兵罢战，还能如何？"

"丞相当初奏请王上攻韩时，樗里疾、公孙郝极力反对，今日战事不顺，二人也多有讥言，在王上近前百般诋毁。王上听其言，对战事疑虑，也属正常。但此时丞相无功退兵，却是正合其言，将如何再立于朝堂之上？且宜阳之争，丞相也与韩国君臣结怨至深，无可周旋。如草草收兵，不能力战到底，则丞相必陷入内外交困之中，实为百害无一利。反之，如能攻克宜阳，那这一切都将化为虚有。于国，丞相开疆扩土，占宜阳，通三川，使大秦独强天下，傲视诸侯，居功至伟；于己，樗里疾、公孙郝岂能再与丞相比肩而立，更何谈构陷贬斥之言？且丞相一战正名，国人皆会轻视、厌恶此二人。还请丞相切勿动摇，决心早定。"

甘茂略略有些吃惊，左成看问题如此透彻，倒是出乎他的意料："你所言不差，尽皆入理。然则，这一切都要由王上裁决，我等都少安毋躁，如无差池，王命不日将至。"

咸阳王殿中的秦武王，心情烦躁不堪。甘茂率将士在前线厮杀搏命，虽勇气可嘉，然而五个月不能攻克宜阳，也大大超出了他的底线。加之樗里疾、公孙郝不停地在耳边聒噪，让他一刻也清静不下来。"难道真是本王错了，当初就不该与甘茂谋划对韩用兵，以致今日受此煎熬。"武王看着地图喃喃自语。渐渐地，他有些出神，回想起五个月之前，同样是在这张地图旁，发生的那一幕。

"丞相来看。"武王指着王殿中的地图，招呼甘茂近前。"本王意欲出兵三川，取周室而代之。如此，将此生无憾！丞相可愿助本王一臂之力，了此夙愿？"

"王上大志，甘茂定当竭力辅之。然则，攻韩三川，需先行一策，即说服魏国，使秦、魏合盟，同力攻韩，如此三川必入秦图。臣请出使魏国，促成秦、魏之盟。"甘茂在武王的感召下，也是雄心勃发。

"好，就依丞相之言。"武王雷厉风行："甘茂为使，向寿辅之，即刻出使魏国。"

甘茂的魏国之行，出奇地顺利。魏王几乎没怎么磕绊就答应了秦国之盟。这就是战国，虽同为三晋一家，但在利益面前，这些都不足挂齿。国事已完，火速回国，免得夜长梦多，魏王变卦。然而甘茂却让向寿先行一步，自己随后而至。

向寿不解，问其缘由，甘茂诡异地一笑："大人乃王上近臣，深受器重，今日甘茂有一事相托，还望大人成全。"

"丞相有何差遣，但说无妨，向寿尽力而为。""多谢向大人。你且先行回宫，按我教之言回禀王上：'魏王已同意盟约，但甘茂奏请王上取消攻韩。'"

向寿更是疑惑："丞相这是何意？"

甘茂言道："向大人只管转陈，勿有疑虑，事成之后，定有大功劳归于大人。"

向寿带着一肚子的猜不透和对功劳的企及，马不停蹄地回到咸阳。将出使情况和甘茂所言面陈武王。武王也是百思不得其解，搞不清楚甘茂这葫芦里卖的什么药。不过甘茂所言，定有他的道理。按时日算，甘茂也应该进入秦地了，武王决定亲赴息壤相迎，并问个清楚。

息壤，等候多时的武王终于见到了甘茂。小叙后，武王进入正题："丞相解吾心意，联魏攻韩，今盟约已成，战事将起，怎么突然劝本王放弃？"

甘茂微微一笑，"王上勿急勿忧，此意只能说予王上一人。"

武王屏退左右，王驾中只有君臣二人，"你且细说。"

甘茂称喏："兵发三川，必先下宜阳。宜阳乃韩国重镇，扼守上党、南阳两郡，且为两郡间的贸易要道。长期以来，宜阳积聚两郡之人力和财物，虽为县制，实乃已然是大郡规模，韩国亦有重兵驻防。今日王上兴兵取之，跋涉千里，经历艰险，实属不易。"

武王虽觉甘茂言之有理，但也知道这绝对不是甘茂的真心话："丞相所虑不假，为何不于之前说出，还要去促成这秦魏之盟。今日只我二人，但请直言，你所虑究竟为何？"

甘茂点点头："王上明察。臣闻昔日张仪西并巴、蜀，北取河西，南占上庸，诸侯并未因此看重他，而是皆言先王（秦惠王）贤明；魏文侯时，以乐羊为将，进攻中山国，三年灭之。乐羊返国，自夸其功，魏文侯向其出示整整一箱群臣诽谤奏表，乐羊汗颜，不敢居功，单表文侯贤明，并谢其主没有听信谗言，方能灭国有功。今日我甘茂，生于下蔡，客居秦国，朝中素有樗里疾、公孙郝等，皆为先王重臣，又得王上倚重，且其与韩国故交甚密。若来日出兵宜阳、攻伐三川、图韩之利时，众人必定徒生非议，从中作梗，王上也必会听之任之。到那时，伐韩无功，魏国无利，恐怕王上要落下个欺魏之名。而甘茂也将招致韩国国相公仲侗的怨恨，于国于私均为不妥。"

武王终于搞清楚甘茂的心思，无非是担心因非议、诋毁，而致伐韩前功尽弃，落得个秦国不悦、诸侯生怨，将来个人的前途甚至性命也不能自保。武王爽朗一笑："丞相多虑了。伐韩之事，乃本王所思所定，且必将全力以赴，怎会因旁人之言，而凭空夭折，更累及丞相。大可放手搏杀，勿要胡思乱想。"

甘茂双手一拱："王上，并非臣胡思乱想。此间情形，已有前车之鉴。昔日曾参（曾参即曾子，春秋末年鲁国人。孔子晚期弟子之一，儒家学派的重要代表人物，儒家宗圣。其与复圣颜渊、述圣子思、亚圣孟轲（孟子）合称四圣，孔庙四配。参与编制《论语》、著写《大学》《孝经》《曾子十篇》等）居于费地，一个与其同名同姓的人杀了人。一时间凶杀之事，路人口口相传。有人告知曾母其子杀人，曾母一边织布，一边说：'我儿不会杀人。'又有一人跑来相告，言曾参杀人，曾母依旧不信，继续低头织布。少顷，再有一人进院疾呼'曾参杀人啦！曾参杀人啦！'曾母惊恐万状，信以为真，且怕受牵连，扔掉织梭，不走院门，翻墙而逃。王上，贤德如曾子，尚在接二连三的误会中，都能让知子莫若母的曾母产生动摇。如今，我贤德不如曾子，王上信我不如曾母信其子，且非议于我者又何止三人。终有一日，王上也会因他人之言动摇，如曾母般扔掉织梭呀！"（原来甘茂也是个段子手）

武王听罢，面容凝重。为将者，最怕的就是统兵在外、浴血效命之际，有人在背后捅刀子。"丞相放心，本王决意不会受他言蛊惑，也不会对丞相失了信任，你我君臣同心，一力攻韩，必要成就王霸之业。为解丞相所虑，本王今日指天为誓，以表此心。""多谢王上！臣定当全力以赴，攻破三川，回报王上今日之誓！"甘茂深深一揖。当下里，甘茂为将、向寿为辅，帅军5万开赴宜阳。

自息壤一别，5月有余，秦军被阻击在宜阳城外，寸步不前。对于这场战事，朝堂中本来就颇多非议，只有武王与甘茂信心十足，决意一战。眼看战事不利，非议之声更盛，武王也有些吃不准了，他遣使去见甘茂，希望甘茂能放下执念，答应退兵。如此，也算是给大家都找个台阶下。

王使归国，带着甘茂的书信回来了。武王赶紧打开，原以为甘茂会善解王意，班师而返，不料映入他眼帘的只有两个字——息壤。"息壤！息壤！息壤！"武王连说3声。突然间，他目光如炬，"誓言尚在，不负甘茂！"

"报……"军报声再次响彻宜阳秦军大营，"禀丞相，王上遣乌获为将，再起精兵5万，与前军合力以助丞相破韩！""王上贤德！王上贤德！"甘茂仰天长啸。宜阳终破，三川归秦。

甘茂遇上秦武王，实在是一件幸事。正如商鞅遇上秦孝公。这里不仅仅是"用人不疑、疑人不用"，还存在一个人有没有主见、耳根子软不软的问题。传言三入，曾母疑子。于汇报中得来的信息，难免存在失真的风险。不要轻易相信你所听到的，多走进现场，观察了解、沟通求证，用心思考，才会离真相更进一步。

同时，排除个人利益驱使下的谗言或别有用心，单就工作本身而言，出现不同的意见是很正常的，面对分歧时，最好的结果当然如张仪与司马错伐蜀一般，搁置争议，求同存异。但如果歧异不能消除，这就要考验做决定之人的判断、分析、思考能力。任何事情在其发生、发展的过程中，必然会存在褒贬不一。不同意见、建议充斥其中，很容易使人产生困惑，甚至动摇。唯有排除杂念，以结果为导向，客观考量实施过程中的艰辛、曲折、反复，才能作出正确的选择。诚然，我们不能寄希望于在职场中，凡事先要起誓盟约，但誓言背后透露出的应该是经客观、理性分析后的坚定和执着。如果一个企业频繁更换管理层，除了考虑被换之人本身的能力外，是否还应该去思考，领导者对追求结果的韧性够不够，在排除纷扰时的定力够不够；如果一个企业朝令夕改，是否应该去想想，是反对和抵触造成了变更，还是领导们在人言中轻易地放弃了最初的目标。

26　秦武王的指挥棒

【原文】秦策二·秦王谓甘茂曰

秦王谓甘茂曰："楚客来使者多健，与寡人争辞，寡人数穷焉，为之奈何？"甘茂对曰："王勿患也。其健者来使，则王勿听其事；其需弱者来使，则王必听之。然则需弱者用而健者不用矣！王因而制之。"

【典故演绎与职场映射】

秦武王毕竟是个勇猛之人，但凡这类人，一般都是性格直率，没那么多心机神思。而于一国之君，必须文治武略兼备，秦武王上阵搏杀绝对是把好手，可是在邦交周旋时则倍感吃力。虽然朝中不乏甘茂、樗里疾、公孙郝这样的机敏谋略之臣，但总有个单独会晤、闭门会议之类的，每每于此，武王都会觉得疲惫不堪、难以应付。

"可恶，太可恶了。"武王怒不可遏，侍从们小心翼翼，大气都不敢出一声。"甘茂，甘茂去哪儿了？快让他来见本王！"此时的甘茂刚刚协助司马错平定蜀国陈庄叛乱，回到咸阳不久。虽然与这位上任不到一年的新秦王，在朝堂中相处时日不久，但对其脾气、个性却早已熟知。盛怒之下召唤入宫，必然又是在哪国使臣面前丢了面子，心里不爽要发泄一下。武王火暴，刻不容缓。接到宫中传唤后，甘茂不敢迟疑，麻溜地进宫了。

"臣参见王上！"甘茂看着王殿中的这位新君。只见武王背对殿门，挥舞着宝剑，凭空里左刺右砍，剑弧划过，带着沉闷的呼呼声。闻声收住剑势的武王一回头，看见甘茂，大步流星地走了过来，边走边喊："你可来了，气煞本王了，你都不知道刚才……"说话间已到了甘茂近前。"王上，小心宝剑无眼！"甘茂下意识地往后退了退。武王一愣，随即说道，"哎呀，什么有眼无眼的，本王最烦你们这些个文绉绉的人，曲里拐弯一点儿都不洒脱。"随手将宝剑掷给了不远处的甲士。

甘茂笑了笑，"王上为何恼怒呀？"武王拉着甘茂走出大殿，他的力气太大了，也是军旅出身的甘茂被他突然一扯，险些脚步不稳。王威尊严、君臣礼数，在秦武王眼里，都太过于麻烦，率性而为，才会让他舒服自在。他竟拉着甘茂坐于王殿外的御阶上，要一抒心中憋闷。

"刚才楚国来使，说什么巴蜀之地秦不该占啦，楚国黔中秦不该夺啦，以期还地存国，要守天下均衡，铸秦楚友善之类的，都是些陈芝麻烂谷子的事情。本王与其争辩，却被楚使尖牙利嘴驳得无言以对，真是可气。本王就觉得奇了怪了，为什么楚国来使，个个都是能言善辩，每次觐见，都让本王理屈词穷，果真如同欠了他们一般。你说，本王该如何应对，才能不受此憋屈。"甘茂这才知道武王恼怒的缘由。

"王上，六国之间纵横之士众多，各个都是能言善辩、口吐莲花，又何止楚国一家。其实王上所问，也并非无法可解，只需一策，保证让王上不再深受其扰。"甘茂笑容满面，觉得武王着实可爱。"何策，快快说来！""王上，日后再有外使来见，只需看人而定。如来者巧舌如簧，尽可不予理会，不听其言、不受其事，并不妨处处刁难，让其知难而退；反之，如来使秉性敦厚，足以应对，则王上善待之，听其言，成其事。久而久之，各国定会循察王上喜好，派善弱之人为使，以图其利。而王上不就可免强辩之苦了吗?""好! 好! 好! 此计甚妙，本王怎么就没想到呢，奸诈狡黠本王不如你呀!"武王大喜，开怀大笑。

甘茂给了秦武王一根指挥棒，指挥着列国对秦的外交策略。他并没有教给秦王善辩之法，而是借助秦王国君的优势，巧妙地转化了其不善辞令的弱势。此法值得职场中的我们，好好揣摩。扬长避短确实能使个人才华得以充分发挥，但是自身的不足也要善加分析。利用优势，弥补不足，并发掘"以弱制弱"的机会和可能，或许也会带来意想不到的收益。

同时，企业的管理者，也需要注意以下3点。

第一，用人导向的问题。位高权重的管理者，其一举一动都会被下属看在眼里，记在心头。揣摩其偏向、迎合其好恶，以达到图名图利的目的。企业之中什么样的人能得到重用，整体的价值取向会呈现出怎样的倾向，无不与领导者或管理者产生密切关联。"奸臣当道"之象，并非只存在于史籍之中，现实里也比比皆是。无非是"圣聪蒙蔽"，用人不察所致。正己心，修己身，让趋炎附势之人无可琢磨、无可迎奉。外露对企业经营、管理、发展有益的偏好，甚至是故意为之，也是塑造企业文化的一种手段。

第二，警惕跟风。企业中有很多"眼观六路、耳听八方"的人，收集一切有价值的信息，将关注的焦点，集中在决策层的态度和力度上、关键人物的"示范"上、违规者所受到的不利结果上。但凡有任何"风吹草动"，都能对大众的心态和行为产生积极或消极的影响。跟风源自榜样的树立，企业塑造出怎样的榜样，就会产生出怎样的跟风之举。甘茂之策的核心，在于让秦王树立几个"听其言，成其事"的榜样，以让列国有迹可循，落入秦王圈套，这也正说明了树立榜样的重要性。

第三，引导比考核更重要。很多企业都在大搞特搞绩效考核，绩效考核最难的就是对员工行为的评估。业绩、质量、产量都是可以量化的，但行为、意识却很难。尽管难以考核，但并不代表着无法去引导。绩效考核的核心就在于引导，通过考核让员工知道什么行为是企业认可和鼓励的，什么行为是企业反对和排斥的，不要为了考核而考核。

27 范雎的自荐信

【原文1】秦策三·范子因王稽入秦

范子因王稽入秦，献书昭王曰："臣闻明主莅正，有功不得不赏，有能者不得不官，劳大者其禄厚，功多者其爵尊，能治众者其官大。故不能者不敢当其职焉，能者亦不得蔽隐。使以臣之言为可，则行而益利其道；若将弗行，则久留臣无为也。

"语曰：'人主赏所爱而罚所恶；明主则不然，赏必加于有功，刑必断于有罪。'今臣之胸不足以当椹（zhēn）质，要不足以待斧钺（yuè），岂敢以疑事尝试于王乎？虽以臣为贱而轻辱臣，独不重任臣者后无反复于王前耶！

"臣闻周有砥厄，宋有结绿，梁有悬黎，楚有和璞，此四宝者，工之所失也，而为天下名器。然则圣王之所弃者，独不足以厚国家乎？臣闻善厚家者取之于国，善厚国者取之于诸侯。天下有明主，则诸侯不得擅厚矣。是何故也？为其割荣也！良医知病人之死生，圣主明于成败之事，利则行之，害则舍之，疑则少尝之，虽尧、舜、禹、汤复生，弗能改已！

"语之至者，臣不敢载之于书；其浅者又不足听也。意者，臣愚而不阖于王心耶？亡其言臣者将贱而不足听耶？非若是也，则臣之志，愿少赐游观之间，望见足下而入之。"书上，秦王说之，因谢王稽，使人持车召之。

【原文2】秦策三·范雎至秦（节选）

范雎至秦，王庭迎，谓范雎曰："寡人宜以身受令久矣。今者义渠之事急，寡人日自请太后。今义渠之事已，寡人乃得以身受命。躬窃闵然不敏，敬执宾主之礼。"范雎辞让。

是日见范雎，见者无不变色易容者。秦王屏左右，宫中虚无人，秦王跪而请曰："先生何以幸教寡人？"范雎曰"唯唯"。有间，秦王复请，范雎曰"唯唯"。若是者三。秦王跽（jì）曰："先生不幸教寡人乎？"范雎谢曰："非敢然也。臣闻始时吕尚之遇文王也，身为渔父而钓于渭阳之滨耳，若是者，交疏也。已一说而立为太师，载与俱归者，其言深也。故文王果收功于吕尚，卒擅天下而身立为帝王。即使文王疏吕望而弗与深言，是周无天子之德，而文、武无与成其王也。今臣羁旅之臣也，交疏于王，而所愿陈者，皆匡君之事，处人骨肉之间。愿以陈臣之陋忠，而未知王心也，所以王三问而不对者是也。

"臣非有所畏而不敢言也，知今日言之于前，而明日伏诛于后，然臣弗敢畏也。大王信行臣之言，死不足以为臣患，亡不足以为臣忧，漆身而为厉，被发而为狂，不足以为臣耻。五帝之圣焉而死，三王之仁焉而死，五伯之贤焉而死，乌获之力焉而死，奔、育之勇焉而死。死者，人之所必不免也。处必然之势，可以少有补于秦，此臣之所大愿也，臣何患乎？

"伍子胥橐（tuó）载而出昭关，夜行而昼伏，至于蔆（líng）水，无以饵其口，坐行蒲服，乞食于吴市，卒兴吴国，阖庐为霸。使臣得进谋如伍子胥，加之以幽囚，终身不复见，是臣说之行也，臣何忧乎？

"箕子、接舆，漆身而为厉，被发而为狂，无益于殷、楚。使臣得同行于箕子、接舆，漆身可以补所贤之主，是臣之大荣也，臣又何耻乎？臣之所恐者，独恐臣死之后，天下见臣尽忠而身蹶也，是以杜口裹足，莫肯即秦耳。

"足下上畏太后之严，下惑奸臣之态；居深宫之中，不离保傅之手；终身暗惑，无与照奸，大者宗庙灭覆，小者身以孤危。此臣之所恐耳！若夫穷辱之事、死亡之患，臣弗敢畏也。臣死而秦治，贤于生也。"

秦王跽曰："先生是何言也？夫秦国僻远，寡人愚不肖，先生乃幸至此，此天以寡人恩（hùn）先生，而存先王之庙也！寡人得受命于先生，此天所以幸先王而不弃其孤也！先生奈何而言若此？事无大小，上及太后，下至大臣，愿先生悉以教寡人，无疑寡人也。"范雎再拜，秦王亦再拜。

【典故演绎与职场映射】

秦国经历了商鞅变法、合纵连横，迎来第三个发展高峰，揭开了气势磅礴的"远交近攻"战略。范雎，战国时期著名的政治家、军事谋略家，也由此登上了历史的舞台。

范雎，原是魏国中大夫须贾门客，因被怀疑通齐卖魏，险些被魏国相国魏齐鞭笞致死，后在郑安平的帮助下，易名张禄，潜随秦国使者王稽入秦。虽然其所主张的"远交近攻"战略，为秦国统一奠定了坚实的基础，扫清了诸多壁垒。但也正是他，蛊惑秦昭襄王，赐死一代名将白起。往事如风，功过已成定论。然而，其在入秦之初，那封至诚至真的自荐信，于当下仍不失为至理之言。

秦国出使魏国的王稽，在完成国事后，也一并带回了被魏国通缉的范雎。当时的秦国招揽人才之心迫切，派往各国的使节除了外交工作外，还肩负着发现、考查、招揽列国人才的使命。而且不仅是使臣，秦国的任何一个人，都有着这样的觉悟和责任。人才引进的途径多种多样，并不是像现在很多企业那样，仅仅把招聘当作人力资源部门的职责。我们经常能听到全员营销的说法，而对于获取人才而言，又何尝不能全员招聘呢？

范雎来到了秦国，经由王稽推荐，原本以为能顺利步入仕途，没曾想秦昭襄王并没有立即安排面试，只让他住在官方招待所里，也没什么大鱼大肉的款待，不过是寻常的粗茶淡饭供应。这是不是秦王对他的考验，已不得而知，只是这样的日子过了一年多。有免费的吃喝，又不担心风吹雨淋的，不也挺好嘛。要是一般人，差不多都会有这种想法。但范雎不是一般人，这不是他想要的生活。一年了，差不多了，秦王不见，那就想办法让他见。一个吃饱喝足的午后，范雎提笔而书，自荐信一气呵成。

"在下常听人言，贤明之君治国主政，以战功论赏罚，以能力定勋爵；军功卓著者，赏赐丰厚，俸禄累进；能力拔萃者，加官晋爵，辅政御民。无能者不位列朝班，怀才者不湮没尘间。如王上感知此言不虚，则请依言而行，在下自觉此言将有益于王治；如王上怀疑惑之心，觉此皆为妄言，就请赐准在下离秦而去，空耗时日、久居客舍，实属无益无用！

"谚语有道：'昏聩之主，以自身喜厌为准则，决断赏罚；而英明之主，则以功过为度量，赏赐施予有功该赏之人，责罚施予有罪该惩之辈。'如今，在下一己凡身肉胎，胸膛不足抵挡斩杀之砧板，腰身不足抗御刑罚之利斧，岂敢以无用之策愚弄王上，更不敢以无稽之谈献于王殿。姑且以在下之鄙贱，斗胆犯痴敢行忤逆亡命之事；然则以位列朝堂，食君俸禄、忠于王事之王稽，也敢在举荐在下时，欺君罔上吗？在下卑微，所言所请，王上皆可不必挂齿；然王稽之言，王上也无动于衷吗？

"据在下所知，周有砥厄（zhī）、宋有结绿、魏有悬黎、楚有和璞，为天下四大稀世美玉。然而其为绝品前，尽为璞玉，识玉之人、琢玉之匠皆不知其深藏于石内。后历经波折、精雕细琢之下，遂成名器，惹世人羡慕、诸侯觊觎。如此，被圣主明君摒弃之人，难道定是百无所用，不能治世理政，辅助君王成其大业之徒吗？善治家者，于国中取其所需；善治国者，于诸侯间谋其所缺。正是有明君贤主在世，诸侯间才无独富、独强之状，天下人杰也才未被一国用尽。为何如此？皆因众多昏聩之主，或弃才不用，或眼不识才，以致才能卓越之士，颠沛辗转，游走于各国之间，以期寻得明主。正如良医者，能预判人之生死，而高明之君，则能洞察事之成败。有利则全力为之，存害则决然避之，利害不清时，则会谨慎尝试，以探究竟，而后再行决断。此理存世，无可辩驳，即便尧、舜、禹、汤等圣主复生，也亦当遵循，不可违逆。

"至此，攸关秦国安危之言，在下不可于书信中详说，以防陡生变故；而若陈词肤浅，抒意不清之言，又不值一提。在下惴惴不安，甚忧因愚钝无能，致使言语错乱，不合王上心意；否则，定是那王稽，位卑言轻，王上并不信他举荐之说。如若皆非此二因，还请王上能舍一两分游览玩赏之余暇，在下翘首以盼，当面进言。"

就是这样的一封自荐信，让秦昭襄王见识到了范雎的韬略与机敏。也让范雎"咸鱼翻身"，成了战国中后期炙手可热的风云人物。秦昭襄王礼遇范雎，派专车迎接范雎入宫，当面表达了歉意，并虔诚讨教治国方略。范雎以其出众的洞察力和政治远见，使秦王如获至宝，被拜为客卿，后官至丞相、封应侯。秦昭襄王听从范雎建议，从把持秦国朝政30余年之久的母亲宣太后（芈八子）手中夺回军政大权，并将穰侯魏冉、高陵君嬴悝、泾阳君嬴芾、华阳君芈戎驱逐出秦。也就此打破了在宣太后期间形成的亲党专政，使王权得以巩固。

范雎的自荐信达到了预期效果，信中所言，对当下企业治理仍然有着切实的借鉴意义，自不必再赘述一二。只来说说自荐信本身的那些事——你的自荐信准备好了吗？有人可能会说，我现在不找工作不"跳槽"的，不用写自荐信。那只能说，你可能对自荐信的理解有些单一了。所谓自荐，既可以是针对个人情况，也可以表达自己的观点、意见、建议、计划。

逐一而论。应聘时，很多具备一定工作经历的人，是不会再去写自荐信的，基本上都是套用一个固定的模板，将自己的基本情况、教育背景、工作经历等逐条罗列，构成个人简历。只有在应届毕业生的简历中才能看到单独的一页"自荐信"。这是因为应届生的简历不够丰满，必须用这样的"形式"去充实，而对于有工作经历的人来说，这种"形式"上的修饰，自然就没什么必要了。正是包括求职者本人和用人单位都存在这样"形式"上的认识，自荐信也就变得无足轻重了。写了，面试官也不会看，或者说不会仔细看。毕竟太多的自荐信如出一辙，复制、粘贴后改个姓名就可以了，大同小异没什么浏览的意义。然而，恰恰是这"微不足道"的自荐信，反而能高度浓缩的，从不同方面显现出一个人的综合能力，包括但不限于文字表达能力、语言组织能力、逻辑思维能力、严谨务实的态度等。所幸的是，有些用人单位已经发现了自荐信的价值，要求应聘者（无论应届与否），在面试时根据自身情况，不得借助任何资料，现场写出一封能够充分展现自我的"自荐信"，借此将其作为面试评估时的一个参照。

范雎的自荐信立意新奇，对于个人情况及能力的阐述并不多。倒是颇具几分指导秦王治国理政、尚贤用能的建议意味。也正是在这样的建议下，引发了秦王的好奇与反思，才有了后来的礼遇、纳谏、重用之举。现实中，很多人也怀有独特且富有建设性的思路、观点、举措，但却不懂得表达。倒不如借鉴一下范雎的做法，文笔简练、有理有据、切中要害，也藏伏笔之妙。对于想要引发上级关注的重要事宜，草草的口头汇报，自然与严谨的文字陈述不可相提并论。

无论是求职自荐，还是建议推荐、观点表达、主张陈述，对于职场而言，虽不需要有哗众取宠之行，但自我推荐还是要适时、适事而为的。正如四大美玉，也需经过精心雕琢方能耀世而出一般，自荐其实也是对自我雕琢的一个过程。

28 权力的游戏

【原文】秦策三·应侯谓昭王

应侯谓昭王曰："亦闻恒思有神丛与？恒思有悍少年，请于丛博，曰：'吾胜丛，丛籍我神三日；不胜丛，丛困我。'乃左手为丛投，右手自为投，胜丛，丛籍其神。三日，丛往求之，遂弗归，五日而丛枯，七日而丛亡。今国者，王之丛；势者，王之神。籍人以此，得无危乎？臣未尝闻指大于臂，臂大于股，若有此，则病必甚矣。百人舆瓢而趋，不如一人持而走疾。百人诚舆瓢，瓢必裂。今秦国，华阳用之，穰侯用之，太后用之，王亦用之。不称瓢为器则已，已称瓢为器，国必裂矣。

"臣闻之也：'木实繁者枝必披，枝之披者伤其心；都大者危其国，臣强者危其主。'且令邑中自斗食以上至尉、内史及王左右，有非相国之人者乎？国无事，则已；国有事，臣必闻见王独立于庭也！臣窃为王恐，恐万世之后有国者，非王之子孙也！

"臣闻古之善为政也，其威内扶，其辅外布，四时治政，不乱不逆，使者直道而行，不敢为非。今太后使者分裂诸侯，而符布天下，操大国之势，征强兵，伐诸侯。战胜攻取，利尽归于陶；国之币帛，竭入太后之家；竟内之利，分移华阳。古之所谓'危主灭国之道'必从此起。三贵竭国以自安，然则令何得从王出？权何得毋分？是王果处三分之一也。"

【典故演绎与职场映射】

秦惠王（也称秦惠文王），有两个宠爱的女人，一个是王后——惠文后，生子嬴荡，继位为秦武王；另一个是王妾——芈八子，生子嬴稷、嬴芾、嬴悝。除此之外，秦惠王还有另外四子和一女（名字失考），嫁为燕文公太子妃。

公元前307年，秦武王举鼎而亡，身后无子，由谁来继承王位，成了摆在秦国王室朝堂之中的头等大事。三股势力为此展开了惊心动魄的明争暗斗：一方是惠文后在右丞相樗里疾的支持下想立嬴壮为王；另一方是芈八子在其同父异母的弟弟魏冉支持下想立嬴芾为王；第三方势力来自赵国。赵王为什么要插手秦国立王的内政，秦国又为什么会听从于赵国做出的人事安排呢？这一切无不基于国家利益。

当时赵国由大名鼎鼎的赵武灵王赵雍主政，其力行"胡服骑射"，大大增强了军事战斗力，并采取一系列吏制改革措施和对周边少数民族的征伐，使赵国出现了一段虽然短暂但实力强劲的盛世。并通过协助燕国昭王继位，使赵燕之间结成了紧密的战略同盟。而此时秦国面临内政之乱，趁此机会如果能扶持亲赵之人继承王位，对于赵国将裨益诸多。然而赵国之中并没有这样的合适人选，那就退而求其次，选择在燕国出任人质的秦国公子嬴稷（注：战国时期的人质，绝对不是被绑架了的人，他是列国之间的一种保证，或者说是国家信誉的抵押。只有具备一定分量的人，才有资格充当国家人质。而一旦被选派为驻外人质，无异于为自己赢得了不少的政治资本。人质一般为诸侯国国君的公子，女儿是不能当人质的，她们有另外一个政治用途，即联姻。平日无事时，人质在他国也是过的逍遥自在；爆发战端时，遭受折磨屈辱也就在所难免了。）。

此时的秦国，内有新王未定的纷乱，外有楚国图谋夺取巴蜀之患，加之秦惠王、秦武王时期的连续用兵，国力空虚。如能与赵国结盟，对于缓解内忧外患将极为有利。再说了，嬴稷、嬴芾同为芈八子亲生己出，谁当秦王都行。于是，芈八子、魏冉与赵国一拍即合，迎立嬴稷回国继位，这便是秦昭襄王。

芈八子由此晋级为宣太后，凡是对迎立新君有功的，都得到了优厚的封赐。魏冉出任秦国丞相、敕封穰侯；宣太后同父同母的弟弟芈戎封地华阳（四川成都华阳），号华阳君；嬴芾虽然错失王位，但也封地泾阳（陕西咸阳泾阳），号泾阳君；另外一个儿子嬴悝，封地高陵（陕西西安高陵），号高陵君。秦昭襄王新立，年纪尚轻，以宣太后为核心，以穰侯、华阳君、泾阳君、高陵君为四贵的亲党专政格局正式确立，把持秦国军政大权长达30年之久。而惠文后、嬴壮等公子大臣因图谋不轨皆被诛杀（注：关于惠文后之死，说法不一，就连司马迁在《史记》中，也是前后矛盾。《史记·穰侯列传》中惠文后死于武王去世前；《史记·秦本纪》中因嬴壮谋反，牵连到惠文后致其不得善终。）。

在宣太后垂帘、四贵专权的日子里，秦昭襄王也在渐渐地长大，只是习惯了有人替他做主、分忧，倒也落得个轻松自在。直到范雎的出现，才点燃了他的雄心壮志，而这一切，又是从范雎讲的一个故事拉开了序幕。

秦王与范雎相对而坐，他喜欢对面这个人，更喜欢听他讲一些奇闻异事。此刻，范雎正在眉飞色舞的娓娓道来。"王上，你可听过在恒思之地，有一片神奇的丛林，林中尽是奇花异草，人世罕见。更有一座神祠立于林间，内有神灵，名曰神丛，看护至宝丛神。"秦王点头："恒思神木，神丛持丛神，幻化奇妙，本王也略有耳闻。"范雎继续说道："恒思有一个勇猛顽劣的少年，居然要与神丛对赌。他与神丛约定，掷骰判输赢，如赢则可借其至宝丛神三日；如输则任由神丛处置。"秦王笑笑："此少年果然顽劣，与神灵相赌，怎会有胜算？"范雎也笑笑："王上有所不知，神丛虽为神灵，然而毕竟草木成精，无手无脚，由此落入少年圈套。只见少年左手替神丛掷骰、右手为自己掷骰，如此这般，神丛必输。愿赌服输，神丛只好将至宝交予少年。"秦王哈哈大笑："原来神仙也有被诓骗的时候，这个少年也是聪慧绝伦。"范雎顿了顿："王上，故事还没完。三日后，神丛遣草木之使向少年索还至宝，失去了宝物的神丛自然不被少年放在眼里，决意食言强占，拒不交出。神丛也无可奈何。5日后，没了宝物的神奇树林，开始枯萎。7日后，竟全数凋敝而死。"秦王听此，不免唏嘘不已。

如果只讲这样一个故事，那就不是范雎了。做足了铺垫，把握住了火候，他要向秦王献上谋国之策了。看着若有所思的秦王，范雎正言道："王上不觉得此故事与秦国今日之境地很像吗？""哦"，秦王只是轻轻地回了一声。"恒思之地的神奇树林，就好比一个国家，而神灵至宝就如同王上的权势。如将权势无端送予他人，与神丛被骗走丛神又有何异，树死林枯不也正是象征国家之危吗？再如人之身体，手指粗过臂膀、胳膊粗过大腿，这就是病，很严重的病。百人捧一只水瓢疾走，怎比一人持瓢奔跑来的轻松。就算真让百人捧瓢，只会使瓢支离破碎。今日之秦国，太后、王上、穰侯、华阳君，纷纷秉政，国家之瓢时刻都将面临四分五裂之危局。王上难道不觉吗？""接着说。"秦王表情凝重。"臣听闻挂满硕果的树枝，必定会不堪重负而折，枝折则必损树心。臣属封地过大，会损及国家利益；人臣权势过盛，会削弱君上威严。今日之秦国，下到一斗俸禄的小吏，上至军尉、内史、王上左右的近臣、随侍、护卫。哪一个不是穰侯的亲信随附？国中无变则罢，一旦生变，王上将有何依托，怎样免除陷入孤立无援之境地。臣私下常常忧虑不已，如此下去，恐怕百年之后，秦国之君已不是王上嫡脉所为了。古之圣君贤主，之所以能善治于国，无外乎亲掌威权，才能使下属臣僚遍布庙堂乡野，而不生祸乱叛逆，奉公守法、按律而行，不敢肆意妄为。而今日秦国，穰侯就能遣使而出、游历列国、分割天下；更借国家威名，强征兵丁、横生战端、诛伐诸侯。胜则掠夺财货，或尽入其封地陶邑，或送至太后私房。且国内自产物资也均流入华阳封地。自古危君灭国无不由此而生。太后、穰侯、华阳君竭尽国家所有，图谋一己安乐。如此，国家诏令岂能由王上独决，王权分割，王上只不过是在三贵之余取其一分罢了。"振聋发聩之言，让秦昭襄王不寒而栗。决心！现在就只等他的决心了。

公元前271年，秦昭襄王任用范雎为相、强势亲政。免去穰侯魏冉丞相之职，责令其与华阳君、泾阳君、高陵君各回封地，不得再入咸阳宫中。宣太后羽翼尽除，无奈退居后宫，失去了干预朝政的机会。

秦国宫廷里的政治斗争暂告一段落。秦国这场权力的游戏，只不过是战国时期列国中的一个缩影，纵观整个《战国策》，这样的情境此起彼伏。而如同超级连续剧一般，权力的争夺大戏经久不衰，一演就是2000年，不过是换了人物和背景。即便是在当下的企业里，恐怕这样的场景也不那么陌生。但今天，我们不去探讨人性的贪婪和狡黠，只说公理。

范雎给秦昭襄王讲的故事，就企业管理而言，核心价值莫过于引起我们对管控与放权的思考。首先，很多人还分不清楚什么是放权、什么是授权。通俗一点说，放权，是上级把特定的工作交给属下全权负责，上级只需从下属那里得到与初定目标相同的结果即可；授权，是在组织运作中，以人为对象，将完成某项工作所必需的权力授予部属人员，只授予权力，不转移责任主体。放权与授权最大的区别，就在于随着权力的转移，责任会不会也一并发生转移。

其次，再来看管控与放权之间的关系。很多企业都会觉得很困扰，常常面临一管就死、一放就乱的局面。其实有一句话能给予破解这个问题很好的启发——"将权力关进制度的笼子中"。这里的制度不能简单理解为规章制度，确切地讲应该是规则。如果说权力的角逐是场游戏的话，那么，是游戏就得有规则，制定游戏规则的权力必须牢牢掌控在决策者的手中，剩下的就是在规则之内去灵活发挥。管控其实就是在控制规则的制定、监控规则运行过程中不能出现违规的情况，并紧盯结果。比如，集团化的企业，下属分公司、子公司的负责人有多大的资金支付权力。那就先定规则，规则可以设定有这种权力，也可设定没有这种权力。如果没有，就得看会不会因此产生对工作成效的影响。这需要根据实际情况去评估；如果有，那就设立第二步的规则：在什么情况下可以支付、支付的金额是多少、是控制单笔开支还是总额控制，要不要再加上一定时限内的限制。第三步再来考虑规则运行的程序，资金支付需要哪一级管理人员审批、由哪些部门来监督、如果违规了怎么处理、超过权限了怎么调整、紧急情况下的变通措施是什么。这一切都可以用规则来约定。

之所以会出现一放就乱，就在于没有规则，大家都不知道该怎么去处理，只好凭感觉。但感觉是会出错的，由此做出的决定也就错了。如果在这种情况下，规则不能及时制定，还是不清不楚的，那么不乱才怪。而一管就死，也是在规则的设定上出了问题。流程烦琐、层层报批，在僵化中降低甚至严重制约了工作效率，面对具体问题，不能灵活应对，不能因地、因时、因事制宜，这就是被管死了。

因此，管控与放权，核心在于规则的设定。而规则的设定要根据经营管理的诉求及企业实际情况综合考虑。规则设定的范围、宽度、深度，即具体的内容、流程、权限划分是可以进行调整的。而且规则与规则之间的匹配、衔接也不容忽视。设定客观、科学、合理、流畅的规则，加强过程的监控，紧盯最后的结果，这其实是"法治"思想在企业管理中的体现，而企业一旦树立起"法治"思维，凡事都能按规矩办，还担心领导的权力被分割，下属和员工不专注工作，而只沉醉在权力的游戏中吗？

29 丢失的信任

【原文】秦策三·应侯失韩之汝南

应侯失韩之汝南。秦昭王谓应侯曰："君亡国，其忧乎？"应侯曰："臣不忧。"王曰："何也？"曰："梁人有东门吴者，其子死而不忧，其相室曰：'公之爱子也，天下无有，今子死不忧，何也？'东门吴曰：'吾尝无子，无子之时不忧；今子死，乃即与无子时同也。臣奚忧焉？'臣亦尝为子，无子时不忧；今亡汝南，乃与乡梁余子同也，臣何为忧？"

秦王以为不然，以告蒙傲曰："今也，寡人一城围，食不甘味，卧不便席，今应侯亡地而言不忧，此其情也？"蒙傲曰："臣请得其情。"蒙傲乃往见应侯曰："傲欲死。"应侯曰："何谓也？"曰："秦王师君，天下莫不闻，而况于秦国乎！今傲势得秦为王将，将兵，臣以韩之细也，逆显诛，夺君地，傲尚奚生？不若死。"应侯拜蒙傲曰："愿委之卿。"蒙傲以报于昭王。自是之后，应侯每言韩事者，秦王弗听也，以其为汝南也。

【典故演绎与职场映射】

秦昭襄王因范雎功勋卓著，封其为应侯，封地应城。但在此之前，其封地并不在应城（今湖北孝感一带），而是位于汝南（今河南驻马店一带）。汝南原为韩国所有，在战国时期的拉锯战中，城池易手常常有之。秦国夺取汝南，分封范雎，没过多久韩国又从秦国手中夺了回去。范雎所能享受的封地税负财源顿时大为减少。这可是件大事，然而觉得这是大事的却不是范雎本人，而是秦昭襄王，这叫关心下属。

秦昭襄王关切地询问范雎："贤卿为国事操劳，本王甚为感动。然而，这该死的韩国，居然出兵攻占汝南，致使丞相封地有失，实在可恨。丞相勿忧，只要你觉得不爽，本王立即派兵夺回，不知意下如何？"

范雎淡淡地说道："多谢王上顾念，不过臣下并不觉得难过懊恼。王上也不必忧虑，更不用擅动兵戈。"

秦王有点儿吃惊："封地乃丞相之家，今家破无存，丞相为何无动于衷呢？"

范雎收住手中正在拟写表章的笔，抬头看着秦王，又开始讲故事了："梁国有一个叫东门吴的人，中年丧子，却不见其有任何忧伤之情。管家不解地问他：'主人爱子，天下少有，不幸今日亡故，怎么不见主人挂怀凄然呢？'东门吴说：'我最初时也无子，无子时自然不会觉得难过；今日丧子，只不过又回到了当初无子之时，这又有什么好难过的呢？'汝南之事与之同理，昔日之我，不过一介草民，无富无贵，更无封地，那个时候也不觉得有何不妥；今日虽位极人臣，尽享荣华，然而汝南不存，无非是回到了之前困顿的境遇。初时不难过，今日与其时无异，又怎会徒生悲伤呢？"

这个故事让秦王大愕，他怏怏地走开了，而范雎继续写他的表章去了。秦王越想越不对，心里暗暗嘀咕："世间真有如此薄情之人，丧子之痛竟能全然不顾，冷血至极。这范雎莫非也是如此薄情之人，本王不信。"

闷闷不乐的秦王回到内室，仍然想不明白："来人，召蒙骜（《战国策》中写为"蒙傲"）来见本王。"不消片刻，一个威风凛凛、虎背熊腰、甲胄锃亮的武将来到宫中，此人正是蒙骜。（蒙骜——秦国著名将领，本是齐人，后投靠秦国，官至上卿。其子蒙武、其孙蒙恬、蒙毅皆为秦国名将。）"末将参见王上。"果然不俗，说话铿锵有力、掷地有声。"将军免礼。本王心中有一不解之事，需蒙将军代为一探。""王上差遣，百死不辞。""不用死，只需去趟相府即可。本王乃一国之君，凡有城池被敌国所图，不说失地，单是被围，也让本王寝食难安。今日丞相范雎失去汝南封地，本王尚且替其不忿，而他自己却不以为然，还讲了一个歪理。本王觉得范雎所言不实，且有违情理。特召将军去相府一探究竟。但切记不可透露了本王心思。""王上放心、末将这就去相府面见丞相，探其虚实。"

蒙骜虽为武将，但心思缜密，颇具谋略。来到相府，与范雎一番客套后，蒙骜突然神色凝重："丞相，末将愿赴死！"范雎惊诧不已："将军好端端的怎出此言？""今王上对丞相百般尊崇，如昔日周武王拜姜太公为尚父，五霸齐桓公拜管仲为仲父，王上亦将丞相比作叔父，并施师生之礼，天下皆知。蒙骜不才，得遇明主，为秦国统兵御敌，是为秦将。然而眼看贫弱之韩国，竟胆敢违逆占据丞相封地汝南。身为武人，不能守土保国，替丞相解忧，还有何颜面苟活于世。不如赴死一战，为丞相夺回汝南。"范雎闻言，大为感动，深情款款地看着蒙骜，"多谢将军顾念，以将军神威，韩国岂可抗衡。烦请不辞兵戈，汝南之事，就拜托将军了。"

就在范雎热情地送走蒙骜，兴高采烈地准备欢呼雀跃时，蒙骜已将其所言回传秦王。自此，范雎在秦昭襄王心中的形象轰然倒塌，日后但凡他有涉及对韩政策时，秦王皆不采信，只认为他是在为汝南之地而谋韩。更为可怕的是，这种不信任随着时间的推移，没有消除，反而不断在积淀。

后因他推荐的郑安平（曾帮他逃出魏国），在秦赵之战中降赵；他所重用的王稽（曾在秦王面前举荐他），通敌被诛。范雎终于在公元前255年失宠于秦昭襄王，不得不辞去相位，归隐封地应城，不久病死。

信任，是人与人之间最难建立，也是最容易丢失的，职场中尤其如此。在并不是一帆风顺的职场中，面对利益的得失，做到豁达以对、荣辱不惊自然没错，但也要时刻保持言行一致。人前谦虚，人后狂妄；对上级谦卑，对下属跋扈；表面上说着没什么大不了，转过头又是处心积虑的睚眦必报，种种这般，终会被人不齿。尤其是在人际交往中，不是什么话都能说，也不是任何心迹都可以随意表露的。我们不主张对他人处处设防，只提醒谨言慎行、表里如一。毕竟有句话叫作"一次不忠，百次不容"。

30 韩非子的优越感

【原文】秦策五·四国为一

四国为一,将以攻秦。秦王召群臣宾客六十人而问焉,曰:"四国为一,将以图秦,寡人屈于内,而百姓靡于外,为之奈何?"群臣莫对。姚贾对曰:"贾愿出使四国,必绝其谋而安其兵。"乃资车百乘、金千斤,衣以其衣冠,带以其剑。姚贾辞行,绝其谋,止其兵,与之为交以报秦。秦王大悦,贾封千户,以为上卿。

韩非短之,曰:"贾以珍珠重宝南使荆、吴,北使燕、代之间三年,四国之交未必合也,而珍珠重宝尽于内,是贾以王之权、国之宝,外自交于诸侯,愿王察之。且梁监门子,尝盗于梁、臣于赵而逐。取世监门子、梁之大盗、赵之逐臣,与同知社稷之计,非所以厉群臣也。"

王召姚贾而问曰:"吾闻子以寡人财交于诸侯,有诸?"对曰:"有之。"王曰:"有何面目复见寡人?"对曰:"曾参孝其亲,天下愿以为子;子胥忠于君,天下愿以为臣;贞女工巧,天下愿以为妃。今贾忠王而王不知也,贾不归四国,尚焉之?使贾不忠于君,四国之王尚焉用贾之身?桀听谗而诛其良将,纣闻谗而杀其忠臣,至身死国亡。今王听谗,则无忠臣矣。"

王曰:"子监门子,梁之大盗,赵之逐臣。"姚贾曰:"太公望,齐之逐夫，朝歌之废屠，子良之逐臣，棘津之雠不庸，文王用之而王。管仲，其鄙之贾人也，南阳之弊幽，鲁之免囚，桓公用之而伯。百里奚，虞之乞人，传卖以五羊之皮，穆公相之而朝西戎。文公用中山盗，而胜于城濮。此四士者，皆有诟丑，大诽天下，明主用之，知其可与立功。使若卞随、务光、申屠狄，人主岂得其用哉？故明主不取其污，不听其非，察其为己用。故可以存社稷者，虽有外诽者不听；虽有高世之名，而无咫尺之功者不赏。是以群臣莫敢以虚愿望于上。"

秦王曰："然。"乃复使姚贾而诛韩非。

【典故演绎与职场映射】

范雎失信于秦昭襄王，且因用人不察终遭连累，无奈辞官而去。临走时总算看对了一次人，向秦王举荐蔡泽为相。蔡泽，战国燕国纲成（今河北万全）人，善辩多智，游说诸侯。其于走投无路时入秦，经范雎推荐，被秦昭襄王任命为丞相。历经秦昭襄王、秦孝文王、秦庄襄王、秦始皇四朝。其主政期间计杀战国四大公子之一信陵君魏无忌、灭东周，敕封纲成君。

四朝元老，并非蔡泽长寿，实则乃是秦昭襄王执政太久，挤压了后续秦王的时间。他自公元前306年继位，至公元前251年寿终正寝，为王56年，这也是秦国历史上在位时间最长的一位秦王。唯一能与之媲美的，只有春秋时期的秦文公，在位50年。自秦昭襄王后，其子秦孝文王嬴柱53岁继位，仅仅3天后就追随父亲亡灵而去了；其孙秦庄襄王嬴异人，在位3年后也撒手西去，时年35岁。在频繁的王事更迭中，时间的标尺滑动到了公元前246年，13岁的嬴政登上了秦国王位。其自22岁亲政，依托先辈们创下的坚实基业，于15年间先后灭掉了韩、赵、魏、楚、燕、齐6国，彻底结束了战国时期群雄割据的局面，建立了中国历史上第一个统一的、多民族、中央集权制的封建王朝——秦。

说到中央集权制，就不得不提韩非子。韩非子，战国时期韩国都城新郑（今河南新郑）人，杰出的思想家、哲学家和散文家。本是韩国宗室贵族，却不被重用。师从荀子，与秦国丞相李斯系出同门。荀子为儒家思想的代表，而韩非子却与管仲、李悝、慎到、申不害、商鞅、乐毅、李斯等均为法家代表，其也被称为法家思想的集大成者。同时，韩非子与庄子也被誉为最得老子思想精髓的两个人。在韩非子身上，充分地展现了对学术思想的兼容并蓄、博采众长。正是因为其精通道家黄老之学，又崇尚法家刑名之说，融会贯通，自成体系，也为西汉初期的治国显学"黄老刑名学"奠定了思想渊源。韩非子总结诸子百家学说，创造了一套完整的中央集权政治理论，秦王嬴政深受其影响。秦灭六国后，秦始皇继承商鞅变法的成果，并实践韩非子的理论，创立了专制主义中央集权的政治体制，自此在中国延续2000多年。

这样一个对中国历史产生划时代意义的非凡思想家，却因同窗李斯的陷害，而不得善终。司马迁在《史记·老子韩非列传》中说他是被"李斯、姚贾害之"，理由是韩非本是韩国王室，投奔秦国不过是为了保全韩国，身在秦国心在韩而已，秦王嬴政也就不怎么重用他，但又深感其才能卓越，也不可放归故国。留用吧，不信任！放走吧，太可惜！加之其与李斯、姚贾政见不一，遂被陷害致死，这个说法已经被大多数人所认知和接受。但是在《战国策》秦国部分的最后一篇《秦五·四国为一将以攻秦》中，却让人看到了韩非子的另外一面，或许这也可能是他最真实的一面。

公元前233年，燕、赵、吴、楚四国结成统一战线联盟，准备攻秦。

这可能也是战国时期，列国之间最后的联盟，做垂死一搏。秦王嬴政召集御前扩大会议，王公大臣、客卿幕僚60余人参会（此时的韩非子是否参会，不得而知）。秦王主持会议，并首先发言："诸位，四国结盟、意图联合攻秦，怎奈我国正当财力衰竭、前期战事失利，如此危急存亡时刻，应该如何应对，请各位都谈谈自己的想法，我们共同商议商议。"寂静，偌大的王殿上悄无声息，每个人或低头沉思，或左顾右盼，却无一人举手发言。秦王好不尴尬，甚至有些懊恼，平时一个个都口若悬河、满腹经纶，真的需要出谋划策时，却如此不济。"咳咳"秦王发声示意，一为提醒，二为催促，但依旧寂静一片。

　　秦王有点儿按捺不住，准备发脾气了，突然见一人走出班列，立在殿中大声说道，"王上，臣有对策。"原来是姚贾，此时的他只不过是王宫幕僚，无官无职，但秦王却认得他。"先生有何对策？且说一二。"秦王虽没有指望姚贾能语出惊人，但总算有人说话了，总比干耗着强。姚贾本不想逞强示能，毕竟自己位卑言轻，言语不周时，惹出无端笑料，无益于前程，只想听听并学习一下别人的真知灼见。但见王殿众人，对秦王所提之事，竟无人应答。看来是老天要眷顾和垂青于自己了，千载难逢的机会来了，怎能错过，于是鼓足勇气进言献策："王上，臣愿为秦使，游说四国，定叫他止戈罢兵、阴谋不成。"众人一片哗然，窃窃私语声不断，有人讥笑，有人摇头，也有人面无表情不屑一顾。"好！先生胆识过人，于危难间不惧斧钺，愿为国奔波，本王欣慰。即刻遣姚贾出使四国，并战车百辆，以壮声势；黄金千两，以便周旋。为示郑重，赐本王冠冕、随身宝剑，姚贾可依样穿戴、配饰。散会！"众人面面相觑，这就散会啦？还没开始就已经结束了？这个决定也太草率了吧？秦王已走，众人渐渐散去。在众人鄙夷甚至有些幸灾乐祸的眼光中，姚贾高调出发了，而这一去竟长达3年之久。

姚贾归国的消息如同他出使的消息一般，传遍了咸阳的大街小巷，人们议论纷纷，都在猜测出使的结果，担忧着秦国的命运，当然也有人还在想象着姚贾会落得一个怎样的悲催结局。

王殿中，依旧是那群默不作声的王公臣僚，秦王端坐于王座上，听着姚贾的汇报。"王上，四国罢兵，并分别与我国交好。这是四国国君及相国特意让臣带回来的谅解备忘录，请王上详查。"秦王有点儿不太相信自己的耳朵，所以看得很仔细。没错，这一切都是真的。秦王大悦，拜姚贾为上卿，并赐千户赋税为其采邑，群臣纷纷祝贺，艳羡不已。

人有时候就是这样，思维会出现间歇性的自我抑制。把简单的事情复杂化，面对问题时，本来能有应对的方法和措施，却因为觉得没有新意、没有亮点而不愿意去说、去做；在别人付诸行动后，又自恃清高，不屑一顾；别人因此取得功名时，又会冷嘲热讽，心中不是滋味。姚贾出使四国之策，最初王殿中的60多人，必然有人想到了，其中也不乏具有雄辩善辩之能者，但就是因为受到思维自我抑制的影响，而让姚贾捡了一个大便宜。

姚贾加官晋爵的事情，让韩非子很不爽，此时的他身处秦国，于秦王左右，自当为秦王分忧。只不过，他这次分忧却是告了姚贾的黑状。韩非子觐见秦王："王上，四国之忧虽解，但有一事臣自觉不妥，应尽职责之本分，说于王上。"秦王怀着极其复杂的心态，看着韩非子："有何事不妥，爱卿但说无妨。""王上，姚贾持秦国珍珠重宝，出使荆、吴、燕、代之地，长达3年。虽换回交好盟书、灭去兵戈相向，但此四国却并非真心与我结盟。且3年里，姚贾不断向王上索要国库钱财，明为斡旋之用，实则乃是凭国家财货、王上威仪私交诸侯。其心中并无秦国安危，只为个人前程谋划，还请王上明鉴。姚贾此人，不过是昔日魏国大梁城中守门小卒之子，且多行盗贼之事。后其出走赵国，混得一官半职，终被朝堂不容，驱逐出境。就是这样一个门卒之子、街巷小贼、赵国逐臣，今日却扶摇直上，登堂入室，参与国政方略，群臣如何看待？赏赐有功之人固然不错，然起用宵小贼盗之人，群臣又如何效仿？"秦王若有所思，默不作声。

翌日，秦王召见姚贾。看着春风得意的姚贾，想着韩非子的进言，秦王露出怪异的眼神。"本王听说，3年来你游说列国，实则是借国事之名，以珍珠宝器结交各国诸侯，为己谋私。可有此事？"秦王一脸严肃。姚贾听罢，坦然以对："王上，此言不虚，确实如此。"秦王大怒，他原本以为姚贾会有所掩饰，没想到竟这么直白承认。"你好大的胆子，既然如此，还有何颜面立于本王面前？""王上容禀，再怒不迟。（此时的他，也讲了一个故事。与陈轸对秦惠王在差不多100年前讲的那个故事几乎完全一样，只不过故事中的主人公略有不同而已，看来经典之所以会成为经典，就在于他拥有历久弥新的生命力。）昔日曾参以孝、伍子胥以忠、贞女以女工之巧闻名于世，天下父母愿得曾参为子、诸侯愿获伍子胥为臣、男子愿娶贞女为妻。今日，臣忠君报国，王上却并不知晓。如臣不将秦国珍宝黄金送予四国之君臣，怎能有机会对其陈说言辞。王上再想，如臣对秦国对王上不忠，四国之君又怎会信我之言，更不敢放弃四国之盟，而与秦国交好，难道他们就不怕我从中诓骗？今日王上所问，必是有人谗言构陷于我。前朝夏桀王听信谗言杀了良将关龙逄、商纣王听信谗言杀了忠臣比干，夏、商由此国灭身亡。如今王上听信谗言，忠臣哪里还敢再为国出力。"

秦王不动声色，继续印证："本王听说你是城门守卒之子、魏国街巷盗贼、赵国驱逐弃臣。可有此事？"姚贾并没有正面回答，依旧不卑不亢：

"姜太公怕妻，天下皆知，因潦倒被其妻逐出家门；流落朝歌时做了屠夫，却连肉都卖不出去；在做商臣子良家臣时，也曾被驱逐；甚至在棘津充当苦力时，也是无人雇用；如此不济之人，却得周文王赏识、重用，以其辅国，终成王业。一代名相管仲，初时不过是齐国偏僻之地的一个小贩，后在南阳时更是穷困潦倒，还被鲁国下狱囚禁，春秋齐桓公并未因此嫌弃他，拜为仲父，遂成五霸。秦国先王穆公，用5张羊皮购得虞国乞丐百里奚，遂称霸西戎。晋文公倚仗中山国盗贼，方在城濮之战中大获全胜。如此种种，无不出身卑贱、身负恶名，甚至为人所不齿。然而得遇明主，不惜委以权柄、拜官重用，皆是因为贤君圣主能辨才识人、知人善用，不致人才埋没。反之，如果人人都像卞随、务光、申屠狄一般，隐姓埋名，那又靠谁去为国效命呢？如此，英明之主不计较臣僚污点，不听信他人谗言谬论，只择其对国事有益、对王事勤勉之处用之、任之足矣。责罚不因诋毁而生、封赏不以名望为先，群臣必当尽心竭力，建功立业，徒有虚名之辈又岂能邀功请赏？"

秦王叹服："爱卿言之有理，本王倒是有失贤明。今日起，爱卿往事本王绝不再提，邦交大事任由爱卿决断，他人之言也不予理会。"秦王安慰完姚贾后，即刻下令，韩非子入狱被诛。

韩非子是因诋毁姚贾被杀，还是被李斯嫉恨所杀，抑或是被秦王不信所杀，再或是为其母国韩国利益而获罪秦国所杀，都已经不再那么重要了。重要的是，韩非子之死带给我们的启示。人在职场要懂得尊重别人，尊重是对别人的底线，自尊是对自己的底线。但有时候，这个底线往往守不好，尤其是对别人的底线。原因之一就是自身的优越感在作祟。韩非子虽未被封侯拜相，但其韩国王室贵族的身份，还是给他带来了不小的优越感。对姚贾往事的提及，犯了"骂人不揭短"的忌讳。而之所以会这样，无非是贵族的优越感让他看不起姚贾这样出身卑微且行为不端的人。优越感发展到一定程度，就是自负和膨胀，也会催生出虚荣与浮躁。看不起比自己收入少的人，不屑与小城镇来的人结朋交友，对没自己漂亮的人嗤之以鼻，对家境贫寒的人不屑一顾，对无权无势的人冷嘲热讽……殊不知，在你眉宇间流转鄙夷之色时，你在他人眼中也不过是小人得志之辈，更别想依靠自己的优越感去赢得别人的尊重和钦慕。

31 齐威王的意见箱

【原文】齐策一·邹忌修八尺有余

邹忌修八尺有余，身体映丽。朝服衣冠，窥镜，谓其妻曰："我孰与城北徐公美？"其妻曰："君美甚。徐公何能及君也！"城北徐公，齐国之美丽者也。忌不自信，而复问其妾曰："吾孰与徐公美？"妾曰："徐公何能及君也！"旦日，客从外来，与坐谈，问之客曰："吾与徐公孰美？"客曰："徐公不若君之美也！"

明日，徐公来，孰视之，自以为不如；窥镜而自视，又弗如远甚。暮寝而思之，曰："吾妻之美我者，私我也；妾之美我者，畏我也；客之美我者，欲有求于我也！"

于是入朝见威王曰："臣诚知不如徐公美。臣之妻私臣，臣之妾畏臣，臣之客欲有求于臣，皆以美于徐公。今齐地方千里，百二十城，宫妇左右，莫不私王；朝廷之臣，莫不畏王，四境之内，莫不有求于王。由此观之，王之蔽甚矣！"王曰："善。"乃下令："群臣吏民能面刺寡人之过者，受上赏！上书谏寡人者，受中赏！能谤议于市朝，闻寡人之耳者，受下赏！"

令初下，群臣进谏，门庭若市；数月之后，时时而间进；期年之后，虽欲言，无可进者。燕、赵、韩、魏闻之，皆朝于齐。此所谓战胜于朝廷。

【典故演绎与职场映射】

与秦国东西遥相对望的齐国，自公元前1046年周武王分封诸侯、姜子牙立国，历经西周与东周（春秋战国时期），至公元前221年被秦灭国，存世825年。其中以公元前386年为界，又分为姜齐时代和田齐时代，姜齐传王31代、田齐传王8代。与秦国艰苦卓绝的奋斗不同，齐国自始便拥有崇高的政治地位和强盛的国家实力。依托毗邻东海的自然地理优势，煮盐垦田而富甲一方，强盛时战车千乘、带甲之卒数十万，位列春秋五霸之首、战国七雄之一。然而生于安乐，死于忧患，恰恰是齐国太优越了，被自己华丽丽的外表和列国的恭维，迷惑得晕头转向，以致不思进取、发愤图强，反而渐渐被后进的秦国迎头赶超。甚至因为狂妄自大，险些被比之弱小许多的燕国在公元前284年灭国，从而提前退出历史的舞台。

齐威王田因齐，田齐时代的第四任国君。其主政时期，齐国进行了一系列的政治改革，修明法制、选贤任能、赏罚分明、国力日强。经桂陵、马陵两役，大败魏军，开始称雄于诸侯。且在父王齐桓公（田午）开创稷下学宫的基础上，使其进一步发展扩大，终成百家争鸣之思想盛世。（"围魏救赵""田忌赛马"之典故均发生于齐威王时期。）朝堂之中文有邹忌，武有田忌、孙膑，这样的组合，本来还是可以有更大的作为，无奈人性使然，将相不和，邹忌与田忌相互猜忌、争斗，最终落得个田忌出走楚国、孙膑隐居避世。

邹忌，齐国本土人，历仕齐桓公、齐威王、齐宣王三朝。其在齐威王时，被任命为相国，封地下邳（今江苏邳县），号成侯。随着田忌的出走，其权势盛极一时。邹忌不仅才干出众，同时还以相貌堂堂而著称，这一点他自己也很自信。然而，没有对比就没有伤害。

清晨，鸟语蝉鸣，阳光柔和地洒进相府内室。硕大的铜镜前，站着身高八尺、容貌俊美、神采焕发的邹忌。衣冠整齐、收拾停当，邹忌不由得多看了一眼镜子中的自己，有点飘飘然。转头问其妻："夫人，你觉得我与城北徐公，哪个更帅？"其妻不假思索，笑盈盈地说："那还用问，自然是夫君更胜一筹，徐公不可相提并论。""是吗？"邹忌有点儿意犹未尽。走出内室，小妾已将刚沏好的新茶端了过来。邹忌接过茶，浅浅地喝了一口，"爱妾，我且问你，你觉得我与城北徐公谁帅？"问完他目不转睛地盯着小妾。小妾咯咯一笑："当然是您喽。"邹忌略略露出几分不信。人是很奇怪的，有时候越自信就越不自信，越是得到肯定的答案，反而会越不确定。

翌日，家中来客拜访。闲谈之间，邹忌又抛出了那个让他存疑甚重的问题："先生可知城北徐公，我与其相比，谁更俊美？"他也是问得够直白。客人被突然一问，看了一眼邹忌，严肃而又正经地回道："丞相英姿飒爽、世人钦慕，徐公不如！"邹忌胡乱应付一句，扯开了话题。

巧合，这是一个纯粹的巧合。徐公居然登门了，当然不是来比美的，而是无事闲叙。大家都是齐国美男天团里的朋友，有个走动也很正常。邹忌无心攀谈，搪塞敷衍之际，仔细打量着徐公，从头到脚，就差从外到里了。可能是经常会遇到这样的眼光，徐公并不觉得有什么尴尬和反感。邹忌暗想："徐公果然不俗，我自认不及呀。"

入夜，邹忌辗转反侧不能入眠。他轻轻地起身下床，来到铜镜前，趁着月光，仔细打量，越发觉得不如徐公。看着已入梦乡的妻子，对着窗外皓月，邹忌不禁陷入沉思，"妻言我帅，是夫妻恩爱所致；妾言我帅，是惧我家主之势；客言我帅，是因事相托有求！皆不是出于本心！"

又一个风和日丽的早晨如期而至，此刻的邹忌却没有在相府中对镜梳洗，而是早早地来到宫中，他要觐见齐威王。"丞相有何要事，这么火急火燎地要见本王？"齐威王似乎还没完全睡醒，揉着惺忪的眼睛。"王上，臣昨夜想明白一件事情。我之容貌气质，皆不比徐公。然而臣妻偏心、臣妾惧怕、访客有求，3人均言徐公不如我。""丞相进宫，就是为此事吗？"齐威王有点想笑，这个邹忌是怎么了，一大早神神叨叨的。"当然不是！王上，今日齐地纵横千里，有城池邑镇120座。宫中妃嫔、左右近臣，无不偏心王上；朝中大臣无不畏惧王上；齐国上下无不有求于王上。自然不乏阿谀奉承、存私偏袒之言。如是，王上也如臣与徐公比美一般，实在是深受蒙蔽呀！"一场比美，居然能让邹忌联想这么深邃，且皆无虚言，齐威王顿悟。"丞相所言极是，此般情况必不可少，你我需想出良策以对，不可被妄言所欺。"于是君臣二人当下里谋划不停。

没过几天，王宫诏令传至齐国四境，无人不晓、无人不知："凡官民人等，能当面指责本王过失者，受上赏；能上书劝谏本王者，受中赏；能于大庭广众之下指摘朝政所失者，只要传入本王耳中，即可受下赏。"

一时间，朝野之中沸腾。进谏之人如鱼穿梭，朝堂门庭若市。几个月后，谏言之人就变得零零散散了，只是偶尔还能见到那么几个。一年后，进谏之人绝迹。这不是大家慢慢失去了进言的热情，而是进言被采纳一项，更改一项，渐渐地也就无言可进，无过可改了。齐国气象焕然一新，列国瞩目。燕、赵、韩、魏四国得知齐王所行，大为惊叹，纷纷遣使入齐，一来是祝贺齐国鼎盛、齐王贤明；二来也是想学习一下经验，考察一下实效，以便看看能否在本国实施。此正所谓"内修明政，外强诸侯"，齐国取得了一次国际间重大的政治胜利。而这篇载于《战国策》之《齐一·邹忌修八尺有余》的文章，也被编入了现代初中语文课本，改名为"邹忌讽齐王纳谏"。

邹忌讽齐王纳谏的主旨思想是很明确的，既阐明了领导阶层要能广开言路，听取和采纳不同意见；同时也告诫世人要有自知之明，别被善意的谎言所蒙蔽。然而，就企业管理而言，如果仅仅是看到这些，还不够。

本篇对于企业而言，重点其实在于两点：第一，意见征询只是形式，管理思维才更重要。第二，意见征询的结果。

先说第一点。齐威王的诏令无疑是设立了一个国家意见箱，开展了一场轰轰烈烈、公开透明、没有范围和主题内容限制的内部管理调研。这在企业之中并不难实现，《员工满意度调研问卷》《客户满意度调研问卷》、民主生活会、意见箱、总经理邮箱（微信）……方式之多、运用范围之广，与齐国诏令相比，有过之而无不及。经常或定期开展此项工作，让更多的员工及客户参与到企业的管理和发展中来，能从不同的视野、角度去发现问题，而且也确实改善和纠正很多不足。

而无论采取怎样的形式，关键在于有没有广开言路、虚心纳谏的意识和勇气。独断专行确实可以有效的统一思想、消除分歧、提高决策效率，但依靠少数管理者所做出的决定，难免会出现遗漏或存在偏差，只有深入实际，站在决策受众的角度去审视，才可能会让决策更全面、客观，毕竟企业管理不是一场独角戏。我也曾听说，好的医院院长，经常混迹于患者之中，听听患者怎么评价自己的医院，然后有针对性地去改进流程、提高医疗技术水平和服务质量；好的餐厅经理，常常会以食客的身份，去听听大家对菜品的评价，然后召集后厨进行创新和改良；好的销售总监，会亲自去拜访客户，体验一下基层销售人员的困难和阻力，然后对营销政策进行调整，对员工在酷暑、寒天里给予更多的关心和帮扶……这些都是由管理思维和意识决定的。

再说第二点，意见征询的结果。齐国之所以能气象焕然一新，引得四国遣使来贺。关键在于其通过广开言路的方式，改变了很多陈规和不足。如果做不到这点，于内不可能出现谏言之人逐渐减少甚至消失，于外也不足以引起他国关注。那么问题来了：齐国可以采纳一项、改革一项。现实中的企业能吗？很多时候，员工反馈的意见和建议，客户提出的问题甚至是抱怨，企业是不可能做到全部接受和调整的，毕竟大家所处的立场、视野不同。这个时候，意见征询就变成了一把双刃剑，改变之处，自然皆大欢喜；改不了的怎么办，会不会由此产生新的抱怨和不满呢？其实就这个层面来考虑，意见征询的目的无非两个：一是改进不足或创新突破；二是态度的表达。当面对无法解决或者不客观的意见和建议时，不能让其如石牛入海一般，没了反馈和下文。应该因势利导，向大家说明客观情况和如果改变将会引发的利弊，这个时候态度本身就是一种改变和完善。

32 桑丘之战

【原文】齐策一·秦假道韩、魏以攻齐

秦假道韩、魏以攻齐，齐威王使章子将而应之，与秦交和而舍。使者数相往来，章子为变其徽章，以杂秦军。候者言章子以齐兵入秦，威王不应。顷之间，候者复言章子以齐兵降秦，威王不应。而此者三。有司请曰："言章子之败者，异人而同辞。王何不发将而击之？"王曰："此不叛寡人明矣，曷为击之！"

顷间，言齐兵大胜，秦军大败，于是秦王拜西藩之臣而谢于齐。左右曰："何以知之？"曰："章子之母启得罪其父，其父杀之而埋马栈之下。吾使者章子将也，勉之曰：'夫子之强，全兵而还，必更葬将军之母。'对曰："臣非不能更葬先母也。臣之母启得罪臣之父，臣之父未教而死。夫不得父之教而更葬母，是欺死父也，故不敢。'夫为人子而不欺死父，岂为人臣欺生君哉？"

【典故演绎与职场映射】

战国时期，随着纵横之士在诸侯间奔走游说、商贾贩夫在列国间贸易往来，也将许多的人文逸事、道听途说传播到了天下四境。在酒肆客舍、茶余饭后的津津乐道中，有心之人则听之、思之、记之、编之，渐渐地有

些内容就成了典故，在修身齐家、传道授业、邦交激辩、上阵杀伐、君臣治国等方方面面，发挥着巨大的影响。但毕竟那个时代的信息不如今天这般发达，更谈不上迅猛。因此，大量有意义的事件被湮灭于凡尘之中，能够得以传播的不过一二，而能流传至今的更是微乎其微。

公元前308年秦、韩爆发宜阳之战前，甘茂给秦武王讲了一个"疑似曾子杀人事件"的故事。可能受信息传播渠道的制约，当时的甘茂或许并不知道，距此15年前的秦齐桑丘之战中，齐威王就客串了一下"曾母"的角色，只不过齐王比曾母睿智得多。如果甘茂知道当时发生了什么，那么讲一段桑丘之战，其说服力和生动性，则会让秦武王对他的信心和信任更加坚定。

齐国国都临淄，就是那个两千年前张袂成阴、挥汗如雨、摩肩接踵的繁华大都市，人口稠密，百业兴旺。雄宏巍峨、富丽堂皇的齐王宫俯视全城，然而此时的齐威王却无心顾及眼前盛景。他将目光投向了西南方向的桑丘，那里的战事更让他焦虑。肩负王命的哨骑，快马加鞭，往返于都城与前线，齐王要及时了解战局的变化。

等待探报的齐王坐立不安：田忌离齐去楚、孙膑避世归隐，无奈之下，只得擢升年轻的匡章为主将。这个年轻的将领，初次为帅，统兵御敌，已经够让他放心不下了。更为忧虑的是，匡章面对的还是秦国。昔日的西陲蛮夷，经商鞅变法后浴火重生，如今的秦王嬴驷与相国张仪更是明君强臣。就连中原劲旅的魏国，也在不久前被其击败，兵锋正盛、挟威而来，断然不可小觑。

"启奏王上，前军探马已回，现在殿外候宣。"侍从隔着珠帘禀告齐王。"快传！"说话间，齐王已疾步走出了内廷。大殿上左右近臣已到齐，探马也已立于殿中。"前方战事如何？速速报来！""王上，秦国大军驻扎桑丘，与我齐军几番缠斗，各有伤亡，两军之间现成对峙之势。""好！只要匡章能阻秦军攻势，挫其连胜连克，就已是大功一件。秦军借道韩、魏，千里用兵，军资补给不足，我军只需坚守，其自会无功而返。"齐王悬着的心好不容易放了下来，看来匡章深谙兵法韬略，避秦军锋芒、固守待变，总算没让他看走眼。"王上，有一事不知当讲不当讲？"探马有些犹豫。齐王看了一眼哨骑，暗想："何事会让他这般避讳？往常时，奏报完战事就可自行退下了，可今日他却不走，更兼还有未尽之言，且神色惶惶，莫不是有何变故？"便道："秦军压境，关系国之安危，无须吞吞吐吐，直言无妨。如若知情不报，贻误战事，反是大罪。"这个时候了，齐王当然想知道的越多越好。

探马点头称喏，直言禀告："王上，秦、齐对峙，并非匡章的缓兵待变之计，而是其要率师降秦呀！"此言一出，殿内哗然。齐王也是一愣，旋即大怒："你好大的胆子！两军交战，阵前厮杀，将士用命，统帅揪心。值此国难之际，你却妖言惑众，构陷前军主将，莫非是受了秦国贿赂，施弄如此不堪的离间之言。"探马闻言，扑通一跪，无奈甲胄在身无法躬身俯首，只有双手抱拳以膝代行，向前挪了数尺后，凄声说道："王上明察，小卒绝不敢谗言构陷大将军，更不敢离间朝堂。只是前言所说，确为我亲眼所见，兹事体大不敢隐瞒，才冒死进言。"齐王虽然恼怒，但见探马言语神色，却不像是无端胡言，决定还是再听其一言："亲眼所见？好，给你一次机会，说说你的所见。如有不实，必当斧钺加身！""谢王上。小卒领受王命赴桑丘探听战事详情，于军中逗留时，遇见一不寻常之事。那匡章常常在大帐中唤来10余名甲士耳语一番，过后这一众人等便于僻静处，更换秦军服色，择机遁逃秦营，累计已有百人之多。且两军对峙期间，军使往来频繁，秦使离开时，皆露出喜悦之色。如此，小卒甚觉有异，才敢斗胆禀明。"待探马说完，齐王怒气已消，只是面无表情地说了一句："你所言无罪，所说之事本王也已知晓，你且退下吧。"左右近臣中有人正待出班启奏时，齐王摆了摆手，"今日权且到此，本王累了，诸位也都退下吧。"

一连数日，天天有探马回宫禀报，除了两军继续对峙外，战事没有什么新的变化。倒是这一波一波的探马，像是商量好的一般，各个都会向齐王进言说匡章要降秦了——"匡章授意齐兵易服奔秦"。然而齐王就是不理不睬，让朝中一干臣子摸不透心思。

终于有朝臣忍不住了，在探马退下后，拦住了要回内廷的齐王："探马日日来报，皆言匡章有变，王上为何不惊、不怒、不忧，更不见有何谋划，发兵征伐。究竟何意，还请王上示下。"齐王微微一笑："你等自不必忧虑，匡章绝不会背齐叛主，只等他日捷报传来即可"。

不消时日，探马果然将齐军胜利的捷报传回临淄，秦军大败而去。秦惠王遣陈轸为使向齐王谢罪，并自称西藩之臣。就在匡章还在得胜还朝的路上，齐威王也在朝堂上向群臣释疑解惑，"诸位爱卿都想知道本王为何深信匡章吧？且听缘由。昔日匡章之母启与匡父生隙，被匡父怒而杀之，埋于自家马棚之下，此事齐人尽知。本王任命匡章为将军时，曾对其言：'以将军之才，必不辱王命，于得胜还朝时，自当加官进爵、荣耀显赫，到那时勿忘改葬你母，使其安眠。然而匡章却说：'臣如要改葬母亲大人，何需等到光耀门庭之时。只因先母获罪于臣父，臣父临终时留有遗言，不许臣改葬。如臣不尊父亲大人嘱托，则有悖于亡父的在天之灵。宁可就地修葺坟冢，也不敢妄自做主迁之。'如此，匡章为人子时不敢有负已逝去的先父，又怎会在为人臣时背弃健在的本王呢？"众人闻言，皆称道不已。

桑丘之战是商鞅变法后的秦国与邹忌变法后的齐国之间首次交锋。匡章充分利用秦军长途跋涉，立攻不下时进退两难的矛盾心理，在战争僵持阶段，让双方使者多次相互来往，借机使部分齐军混杂到秦军之中，配合齐国的主攻部队完成破敌。此战之后，齐秦两国20年间再无交兵，为齐国赢得了一段难能可贵的平稳发展时间。

齐威王对匡章的信任是这场战役取胜的关键保障。然而对于职场而言，除了信任外，还有一点更具警示意义——亲眼所见的事实就一定是真相吗？

齐国探马的奏报有问题吗？显然没有，探马所见所奏，皆是事实，没有虚构。匡章也确实做了那些让探马们疑惑焦虑的事情。然而，这里面的关键问题是，探马们给齐威王的奏报，在进行事实阐述的同时，也加入了自己的主观判断——匡章要降秦了。这个判断是基于他们看到的事实而做出来的。如果当时他们能了解到，匡章之举是一种战术策略，恐怕给齐威王汇报的时候，就不会有"降秦"之说了。职场中有些时候，我们亲眼看到的，仅仅是事物或事件发展过程中的一个环节、片段，在不进行全面了解时，必然会做出片面的分析和结论。某员工在午休时浏览招聘网站，被其他同事看见，大家口口相传，说他要"跳槽"了。慢慢地流言传入了领导的耳中，给这位员工带来了很大的负面压力，其实人家只不过是利用休息时间，给应届毕业的弟弟搜集合适的招聘信息而已。如此这般，凡事不要急着下结论，更别以偏概全。眼见不一定为实！如果遇上齐威王这样的领导还好，要是领导的水平较低、分析问题武断急躁，那很有可能会因为你的片面汇报，而给工作带来无谓的干扰和影响。

33 楚襄王的头脑风暴

【原文】楚策二·楚襄王为太子之时

楚襄王为太子之时，质于齐。怀王薨，太子辞于齐王而归，齐王隔之："予我东地五百里，乃归子。子不予我，不得归。"太子曰："臣有傅，请追而问傅。"傅慎子曰："献之地，所以为身也。爱地不送死父，不义，臣故曰献之便。"太子入，致命齐王曰："敬献地五百里。"齐王归楚太子。

太子归，即位为王。齐使车五十乘，来取东地于楚。楚王告慎子曰："齐使来求东地，为之奈何?"慎子曰："王明日朝群臣，皆令其献计。"

上柱国子良入见。王曰："寡人之得来反王坟墓、复群臣、归社稷也，以东地五百里许齐。齐今使来求地，为之奈何?"子良曰："王不可不与也！王身出玉声，许强万乘之齐而不与，则不信。后不可以约结诸侯。请与而复攻之。与之信，攻之武，臣故曰与之。"

子良出，昭常入见。王曰："齐使来求东地五百里，为之奈何?"昭常曰："不可与也。万乘者，以地大为万乘。今去东地五百里，是去战国之半也，有万乘之号而无千乘之用也，不可。臣故曰勿与。常请守之。"

昭常出，景鲤入见。王曰："齐使来求东地五百里，为之奈何?"

景鲤曰："不可与也。虽然，楚不能独守。王身出玉声，许万乘之齐强也，而不与，负不义天下。楚亦不能独守，臣请西索救于秦。"

景鲤出，慎子入。王以三大夫计告慎子曰："子良见寡人曰：'不可不与也，与而复攻之。'常见寡人曰：'不可与也，常请守之。'鲤见寡人曰：'不可与也，虽然，楚不能独守也，臣请索救于秦。'寡人谁用于三子之计？"慎子对曰："王皆用之！"王怫然作色曰："何谓也？"慎子曰："臣请效其说，而王且见其诚然也。王发上柱国子良车五十乘，而北献地五百里于齐。发子良之明日，遣昭常为大司马，令往守东地。遣昭常之明日，遣景鲤车五十乘，西索救于秦。"王曰："善。"乃遣子良北献地于齐。遣子良之明日，立昭常为大司马，使守东地。又遣景鲤西索救于秦。

子良至齐，齐使人以甲受东地。昭常应齐使曰："我典主东地，且与死生。悉五尺至六十，三十余万，弊甲钝兵，愿承下尘。"齐王谓子良曰："大夫来献地，今常守之，何如？"子良曰："臣身受弊邑之王，是常矫也。王攻之。"齐王大兴兵攻东地，伐昭常。未涉疆，秦以五十万临齐右壤。曰："夫隘楚太子弗出，不仁；又欲夺之东地五百里，不义。其缩甲则可，不然，则愿待战。"

齐王恐焉，乃请子良南道楚，西使秦，解齐患。士卒不用，东地复全。

【典故演绎与职场映射】

齐威王执政37年，励精图治终使齐国强盛一时。其子田辟疆于公元前319年继位为齐宣王，在位19年。公元前314年，齐宣王任命匡章为主将攻打燕国，50天攻破燕国都城蓟（今北京），几乎使燕国灭亡，但这也为齐国的衰落埋下了隐患。2年后，燕国公子姬职，在赵国赵武灵王的支持下归国继位，史称燕昭王。公元前284年，燕昭王要一雪灭国前耻，以燕国名将乐毅为主帅，促成秦、韩、赵、魏、燕五国伐齐。这个时候齐宣王早都死了，那就父债子偿，在齐愍王田地收拾完滥竽充数的南郭先生17年后，便承受了父王留给他的灭国巨债。五国联军势如破竹，攻陷齐国城池70余座，只剩下莒（今山东莒县）、即墨（今山东平度市）两座孤城顽强抵抗。楚国受齐国所请，发兵救援，但实际上不过是来趁火打劫的，齐愍王被楚将淖齿所杀。岌岌可危之下，齐国田姓宗室田单，力挽狂澜，以火牛阵大破五国联军，迎立田法章为齐襄王，组织军民反攻，才使齐国得以继续苟延残喘63年，至公元前221年齐废王田建时，终被秦灭国。

排除政治因素和国家利益，简单一点说，如果燕昭王联合五国伐齐是为了报齐宣王灭国之仇，那么楚国的趁火打劫，则是由齐愍王自己造成的。正可谓：出来混迟早是要还的。又所谓：冤冤相报何时了？

公元前301年，齐愍王地继位（此时秦国为秦昭襄王时期）。2年后，楚怀王驾崩，怀王太子芈横尚在齐国为人质。先父去世，为人子的芈横悲切不已，想回国奔丧，这样一个伦理常情，竟被齐愍王拒绝了。

芈横一身重孝立于齐王宫中，哭哭啼啼，闻者无不动容。芈横一把鼻涕一把泪："大王，您究竟怎样才肯放我呀？"齐王只是皱着眉头，默不作声。芈横无奈，只得哀号："既然大王不成全我，那我只能一死了之，追随父王而去，魂魄相聚，以尽人子之孝了。"说完他猛然一个箭步窜出，奔着王殿的廊柱而去。"不好！"有人大惊失色。眼看芈横就要撞柱而毙，斜刺里急急闪出一人，一双有力的大手勾住芈横的肩膀，硬生生地将其按住竟动弹不得，任由号叫。原来是齐王近身侍卫出手了，职责所在高度警觉，卫士是不会让王殿中发生任何不利于齐王的事情，也包括有人要自杀。"够了！你也是一国储君，如此这般，成何体统！"齐王大喝一声，王殿中顿时静了下来，这就是王者威仪。芈横慑于王威，也不敢放肆恸哭，只是低头默默抽泣。

"放开他，再要寻死，也不必阻拦。"齐王命令卫士。卫士松开芈横，但只是向后退了3步，这个距离足以应付突变。芈横瘫坐于地。齐王看着他暗想："如此资质，来日继承王位，楚国将无惧了。"想到此，齐王心中微微一喜，但绝不能露于神色，毕竟楚王新丧，其子哀号于前。"芈横，并非本王不放你为怀王奔丧，实则有个不情之请！本想今日与你商议后，即可遣使护送你归国。却不曾想你以死相逼，反倒让本王落了个不通人情的恶名。"

芈横虽然抽泣，但心神清醒，齐王所言他听得真切、想得通透，随即身子一直，拱手说道："大王恕罪，在下父王新丧，我却久居客地，不能于灵柩前守孝，一时心急冲昏了头脑，但绝无埋怨大王之意。大王有何事，尽管说来，无须商议，芈横一一照办，只求能早日归国。""如此甚好，你且起身。"齐王终于要谈条件了。"太子归国，服丧期满将承王位，然则齐国地狭贫瘠，楚国沃野千里富庶天下。新君继位，须整治内廷，外修邦交，齐国自然愿助一臂之力。如能将楚之东地五百里送予本王，以结齐楚盟好，齐国定当助新君周旋于列国之间，不知意下如何？"

芈横之前就已猜到，齐王必定会趁王位交替时有所图谋，虽然已有心理准备，但仍被这五百里之广的割地要求唬得不轻，暗暗嘀咕："此事关系国之命脉，又被眼前情势所迫，还须稳妥。"想到此，芈横向齐王言道："大王容禀，割地兹事体大，需与母国商议，但在下身边无得力楚臣，唯有老师慎子，请容我与之相商。""太子请自便，本王不急，只是不要耽误太子行程，更别再言本王阻你归国便是了。"齐王的威胁溢于言表。

　　慎子，名慎到，赵国人，专攻"黄老之术"，其与后来的韩非子颇为相似，都是以道家思想为本，却开悟法家学派。韩非子之前，法家分为相对独立的三派。一派以慎到为首，主张"势"；一派以申不害为首，强调"术"；一派以商鞅为首，推崇"法"。韩非子在此基础上，认为不可有所偏废，对各派思想进行整合继承，又融会道家思想，由此形成了治国之"道、法、术、势"的全新理论体系，遂成法家之集大成者。此时的慎子，正在齐国稷下学宫讲学，门徒众多，久负盛名。芈横在齐国做人质期间，常常也去稷下学宫听课，尤其深受慎子思想的影响，拜其为师。

　　出宫后，芈横一刻不敢耽误，火速前去拜见慎子，对其诉说今日宫中之事。慎子听罢，稍作思索，便对芈横说："为今之计，太子只能答应齐王的要求，割让五百里东地。"芈横有些迟疑："先生可知，这五百里之地一旦给了齐王，楚国东境门户顿开，将处处受制于齐国，贻患无穷呀。可如果不给，齐王必不放我。两难抉择，实在不易！"慎子看着芈横，言辞一振："太子还需从长计议。不割东地，则归国无期，更不能为父送葬，如此将身陷不孝骂名。失地，可另图之，然而失德，则危害王事。孰轻孰重，太子难道不知吗？"芈横顿悟，拜谢慎子。翌日，芈横早早进宫，答应齐王割地要求，并承诺于书，齐王这才心满意足地放其归国，慎子也受邀同行。

　　芈横回到楚国，料理完怀王后事，正式继位，是为楚襄王（在位36年）。各国遣使来贺，互换国书。齐国自然也来了，且齐国使团声势浩大，五十辆专车令列国瞩目。外人皆以为是齐王重视楚国，只有芈横知道，齐国兴师动众，无非是来让自己兑现割地承诺的。

　　满脸愁容的楚襄王没有丝毫新君继位的喜悦，遣人请慎子入宫，问道："先生，齐使明为贺仪，实则是为了东地之事，还请先生教我，该如何应对?"慎子告知楚王:"王上已为楚国新君,不可再像往日一般,凡事只与为师商议,还是明日召集群臣,听听臣僚所说,才是为君之道。"楚王称道。

翌日,楚王分别召集群臣,上国柱子良首先觐见。君臣对坐,楚王言明归国前对齐国的承诺。子良献策:"王上贵为一国之君,言语须掷地有声,一诺千金,不可失了信用。如若食言,列国知晓,则于国之邦交无益,列国也将不信王上,日后恐难交好结盟。不如先给后夺,割地,成王上守信之美名;攻齐,则使齐国不敢小觑楚国。因此,臣建议割地。"楚王点头,觉得言之有理。

子良走后,王室贵族昭常拜见。亦如子良那般,楚王说完前事,昭常献策:"王上,东地万万不能割给齐国。今日我楚国也不失为万乘之国、带甲百万,何惧齐国。如一旦割地,我楚国东境将一半不存。无端自损,万乘强国只会让列国以为徒有虚名,必被轻视。臣愿领兵御敌,固守死战,保全东地。"昭常的勇气让楚王欣慰不已。

第三位进宫的,也是同为王室宗亲的景鲤,其向楚王进言:"王上,东地虽不能白白割予齐国,怎奈今日之齐国强盛,兵精将广,单凭我楚国一己之力,绝不能固守保全。况且王上一诺千金,不能为了一城一地之存续,而自绝于齐国、自绝于邦交诚信大义。为今之计,臣愿为使,向秦国求援,如能得秦国出兵相助,则可迫使齐王放弃此念。"楚王亦觉得有理。

待3位臣属皆退去后,慎子入宫了。楚王对着老师,眉头紧锁:"先生,适才子良、昭常、景鲤所言,本王都觉得有理,一时间竟然不知该用哪策?"慎子微微一笑,"他3人都作何陈词?"楚王答道:"子良言之'先给后夺';昭常言之'愿统兵固守拼死一战';景鲤言之'不能割地,但凭楚国一己之力也无法与齐国争锋,愿为使说服秦国出兵。'"慎子哈哈大笑，"王上，这还有什么好犹豫的，朝臣所言皆为良策，三策全用，便可万全。"此言一出，虽碍于师生情分，但楚王明显有些不悦："先生之言何意？岂不是在戏弄本王，此三策怎可全用？"

慎子看着有点儿生气的楚王，收住笑容，缓缓说道："王上勿急，我自有道理。"见楚王并未制止，慎子继续说道："王上可先行派遣上国柱子良为使，以兵车50辆赴齐，对齐王履行承诺，交割东地；而后，命昭常为大司马，统兵固守东地；同时，再遣景鲤为使赴秦，说服秦王出兵相助。如此，子良献地，不失诺言；昭常固守，不失楚地；景鲤求援，可迫齐王。岂不是万全之策？"楚王又一次顿悟，老师不愧是老师，竟能三策合一，各取所长，相辅相成，再成新策，于是依计而行，调度停当。

子良入齐办理交割文书，齐国派使武装接管东地，却被昭常阻止。昭常对齐使言明，"我乃楚国大司马，今誓与东地共存亡，楚国全民皆兵，五十万楚军严阵以待，不畏强齐，奋战到底。"齐使无奈回禀齐王，齐王召唤子良，"大人受楚王之命献地交割，怎奈贵国大司马昭常却起兵守备，断然不尊王命，是何道理？"子良回道："我乃王上钦派之使，离国时并不知这昭常何时为将，竟敢假传王命，擅动兵戈，为守我王信言，以遂齐楚盟约，请大王不必迟疑，即刻发兵攻取东地。我以特使之名，自可决断。"

齐王信以为真，发兵大举进攻。然而齐军尚未到达齐楚边境，便闻得秦国出兵50万逼近齐国西境，且有秦使入宫，捎来秦王战书，言道：齐国扣押楚国太子，使其不能为父奔丧，且趁机要挟新君割地，此乃不仁；今又发兵抢夺楚地500里，此乃不义。如此不仁不义，天人共愤，还不早些退兵罢战。如若不然，我秦军将与楚国联手，夹击齐地，殊死一战。

齐王大惊，请子良回楚，重修齐楚邦交；又遣使赴秦，声明退兵，与秦国修葺关系。至此，齐愍王绝口不提割地之事，楚国不费一兵一卒，保全东地。然而，仇恨的种子却在年轻的楚襄王心中埋了下来，在其继位14年后，于五国伐齐时，趁机给了面对灭国之危的齐愍王最后一击。

当我们通过齐国命运的转化，感慨世事无常时，更应该将关注的焦点放到慎子的建言上来。职场中的每个人，基于自己所处的角度，就同一件事情会有不同的考虑，在企业管理过程中提出的意见和建议，便会随之产生不同的侧重点。

面对这些意见、建议时，不能仅仅作单一的选择，或者非对即错的判断，而是要博采众长，融会贯通。抓住事件本质，分析利弊，巧妙地进行组合排列，从而形成更加全面的应对之法。楚襄王与子良、昭常、景鲤、慎子之间的谋划，更像是一场头脑风暴。

在这个过程中，可以看到慎子并没有对其他3人的意见进行点评，分别指出其不足和片面，而是紧紧围绕如何保全东地，将3人建议中的优势进行组合。然而在职场中，更多的情况则是，当意见出现分歧时，相互排斥，极具批判意味。不过是为了固执的维护自己观点之"正确"，用己之优驳他人之弊罢了。不妨调整好心态，倾听、吸收他人所言之长，补充、完善自身观点之短。与其为了那点虚无的面子和固执，还不如献出一个万全之策更有意义。

34　近视加散光

【原文】楚策四·汗明见春申君

汗明见春申君，候问三月，而后得见。谈卒，春申君大说之。汗明欲复谈，春申君曰："仆已知先生，先生大息矣。"汗明憱（cù）焉曰："明愿有问君而恐固。不审君之圣，孰与尧也？"春申君曰："先生过矣，臣何足以当尧？"汗明曰："然则君料臣孰与舜？"春申君曰："先生即舜也。"汗明曰："不然。臣请为君终言之。君之贤实不如尧，臣之能不及舜。夫以贤舜事圣尧，三年而后乃相知也，今君一时而知臣，是君圣于尧而臣贤于舜也。"春申君曰："善。"召门吏为汗先生著客籍，五日一见。

汗明曰："君亦闻骥乎？夫骥之齿至矣，服盐车而上太行。蹄申膝折，尾湛（chén）胕溃，漉汁洒地，白汗交流，中阪迁延，负辕不能上。伯乐遭之，下车攀而哭之，解纻（zhù）衣以幂之。骥于是俛而喷，仰而鸣，声达于天，若出金石声者，何也？彼见伯乐之知己也。今仆之不肖，阨于州部，堀穴穷巷，沉污鄙俗之日久矣，君独无意湔（jiān）拔仆也，使得为君高鸣屈于梁乎？"

【典故演绎与职场映射】

提起战神白起，人们的第一反应就是他在秦、赵间的长平之战中坑杀赵国降卒45万人，其实这个说法是不太准确的。关于长平之战，在《史记》之《白起王翦列传》《廉颇蔺相如列传》均有记载。严格地讲，赵国于此战中，先后被秦国歼灭45万之众，其中降卒被坑杀者数十万，而不是45万人全部被活埋。尽管如此，45万这个数字，本身也是颇受争议的。白起之所以被后世誉为战神，并不仅仅是因为长平之战。其一生亲历、指挥大小70余战，皆无败绩。其中尤以长平之战（赵国元气大伤，此战是中国古代军事史上最早、规模最大、最彻底的大型歼灭战）、伊阙之战（歼灭韩、魏24万联军，彻底扫平秦军东进之路）、鄢郢之战（大破楚军，攻入郢都，迫使楚王迁都，楚国从此一蹶不振）战果最为显著。

公元前280年，秦将司马错攻楚，楚割让上庸、汉北。公元前279年，秦昭襄王以大良造白起为帅，率军伐楚，攻破楚国别都鄢（今湖北宜城）、都城郢（今湖北江陵），重创楚军主力。公元前278年，楚襄王被迫迁都至陈地（今河南淮阳）。正是在这样的背景下，中国历史上伟大的爱国主义诗人，浪漫主义文学的奠基人，"楚辞"的创立者和代表者，楚国王室贵族——屈原，怀着对楚国命运的极度担忧、绝望，以及对自己壮志未酬的苦闷，投汨罗江自尽，时年62岁。

屈原投江后的15年，楚襄王死，其子芈元继位，是为楚考烈王。楚考烈王元年，即公元前262年，"战国四大公子"之春申君黄歇，被任命为楚相，他也是"四大公子"中唯一没有王室背景的人（战国四大公子：魏国信陵君魏无忌，魏昭王之子；赵国平原君赵胜，赵武灵王之子；齐国孟尝君田文，齐威王之孙；楚国春申君黄歇）。"四大公子"以礼贤下士、广招宾客闻名于世，且均为战国时期著名的政治家。关于他们与门客之间的诸多逸事，流传甚广，且在《战国策》中也占据了相当篇幅，今日单取黄歇一事细说。

　　话说春申君以其贤德盛名加之富可敌国的权势，使天下才士无不向往，都想踏进相府，跟随左右。这一日，来了一个叫汗明的人，此人乃是楚国小吏，自恃有才，要登门拜见黄歇。然而像他这样的人每天都有，络绎不绝，相府专门为此成立了招聘接待部门，留下联系方式和基本情况，就让汗明回家等通知去了，结果一等就是3个月。

　　3个月的时间，说长不长，说短也不短，日子过得百无聊赖，汗明似乎有点儿想放弃了。正郁闷时，得到了相府的回音，于明日准时参加面试。激动呀，忐忑呀！激动的是终于要见到梦中偶像春申君了，忐忑的是不知道明天的言辞能不能打动偶像的芳心，他需要好好准备一下。

　　第二天，汗明早早起床，洗漱得当，将自己收拾得精精神神，意气风发地出门了。经引见，步入相府，汗明看见黄歇已立于正堂之外。他快步而上，黄歇疾步相迎，宾主双方好不亲热。进入堂内，侍从奉茶。汗明无暇观瞻相府气象，只盯着黄歇端详。此时的黄歇已有52岁，但依旧气宇轩昂，精神矍铄。"先生见谅，因国事繁忙，有所耽搁，直到今日方才得见，还请勿怪！"黄歇微笑着对汗明致歉。汗明赶紧回礼："相国言重了，我乃地方小吏，岂敢叨扰，更无埋怨。"黄歇继续保持着招牌式的笑容，"那就请先生不吝赐教，有何所长，以助黄歇！"汗明被春申君的谦虚深深折服，此时不说，更待何时。宾主二人当下里，高谈阔论，相叙甚欢。杯中的香茗，也是续了一杯又一杯，不觉已近晌午。

　　黄歇见时辰不早，打断了侃侃而谈的汗明："能与先生畅谈，着实让黄歇受益匪浅，对先生之才疏学识，也尽皆了然于心。今日权且至此，也请先生早些歇息，日后但有机会，再续前言。"说罢，黄歇起身，准备安排管家送客。汗明闻言，突然觉得有些恍惚，暗想："就这样结束了，春申君也不说个明确的话，我到底能不能进相府呀？今日一别，再想见他，恐怕又要空耗许多时日了。"想到此，汗明决心要再争取一下。

汗明急忙起身，对黄歇言道："今日得蒙相国赐教，下官感激不尽。时辰不早，本不敢再逗留烦扰，但尚有一言，不知相国可否驻足？"既然都谈了大半天了，也不在乎这只言片语的，黄歇便请汗明继续。"相国，您自知与尧帝相比，谁更贤明？"汗明抓紧这最后的时机，向黄歇抛出了一个问题。

黄歇不觉有些好笑，但还是回答了："尧帝乃上古大德圣君，黄歇岂可与之相比，断然是难以望其项背！"汗明点点头，"那相国觉得，下官与舜帝相比，谁更贤能？"黄歇突然间觉得汗明与之前简直判若两人，两个问题都是不着边际，那就早早打发他走吧，但也不能失了春申君礼贤下士的口碑，于是强装笑颜说道："先生之才，比肩舜帝。""相国此言差矣！下官以为，尧帝之圣明不如相国，舜帝之贤能亦不如我。"汗明这一喊，倒是把黄歇吓了一跳。不等黄歇开口，汗明自顾自地说道："舜以其贤能侍奉圣明之尧帝，3年后，尧帝才说他知晓了舜的贤能。然而今日相国与我相见，不过半日，就对我之才疏学识，尽皆了然于心。这岂不是，您比尧帝更圣明，而我比舜帝更贤德吗？"黄歇有些尴尬，觉得汗明之言有理，便正襟施礼道："先生讲得好，是黄歇唐突了。"

汗明的话只说了一半，他见黄歇已然动心，继续发挥，"相国应该知道伯乐相千里马之事吧。"黄歇微微点头。"众人皆知伯乐相马，却不知其后事如何。千里马因伯乐成名后，被其主人精心饲养，终于到了驾车的年龄。主人想，既然是好马，自然有把好力气，于是经常让千里马驮负盐车上太行山。渐渐地，此马四蹄平直、膝盖弯曲、马尾低垂、蹄掌溃烂、汗流不止，竟然爬不上去太行山的斜坡。有一天，千里马因拉不动沉重的盐车，在斜坡下止步不前，被主人连抽带打。刚好伯乐经过，他大惊失色，急忙跑过去挽住缰绳，脱下麻衣给马披上，看着眼前的千里马，伤心不已。这时，千里马突然仰头嘶鸣，叫声直冲云霄，如金石般澈亮。此乃何故，皆因千里马知道，只有伯乐知它，不把它当作寻常驽马看待。今日之我，正如那受困的千里马，以小吏之身，居于寒舍，才学湮灭于世俗之中。而相国亦如伯乐，难道就不想提携举荐我，使我能助您一臂之力吗？"汗明说完了，平静地看着黄歇，但此刻内心却早已如千里马一般奔腾不已。

黄歇若有所思片刻，"请先生稍候，容黄歇安排。"他唤来管家，让其将汗明登记于宾客名册之中，并固定每5日接见一次，自此汗明正式入驻相府，成了春申君的座上之宾。

汗明其人，结局最后如何，不得而知，诸多史料也无后续记载。然而他给黄歇讲的"借尧托舜""伯乐与千里马后传"却发人深省。

唐代诗人白居易的《放言·赠君一法决狐疑》中，有句千古名言："试玉要烧三日满，辨材须待七年期"。企业中的管理者们，你们会不会因为一次面谈、某一个阶段内员工的表现之优劣，就做出或录用，或重用，或贬斥，或嫌弃之举呢？全面客观评价一个人的才能，是基于怎样的标准呢？有没有出现过在录用或者提拔员工之初，赞誉有加，大有如获至宝之感，没过多久又觉得能力有限，弃之如敝履的情况呢？如果有这样的问题存在，很有可能是患上了"用人近视"。

而千里马之所以为千里马，是因其具备长途奔袭的潜质和能力，以其善跑而理所当然的认为一定也能驮重载负，结果只会毁了千里马。这种情况在企业中叫作"用人散光"。

企业用人是"近视"了，还是"散光"了，抑或是"近视加散光"？都是病，得治！

35 苏秦怒怼燕易王

【原文】燕策一·人有恶苏秦于燕王者

人有恶苏秦于燕王者曰："武安君，天下不信人也。王以万乘下之，尊之于廷，示天下与小人群也。"

武安君从齐来，而燕王不馆也。谓燕王曰："臣东周之鄙人也，见足下身无咫尺之功，而足下迎臣于郊，显臣于廷。今臣为足下使，利得十城，功存危燕，足下不听臣者，人必有言臣不信，伤臣于王者。臣之不信，是足下之福也。使臣信如尾生，廉如伯夷，孝如曾参，三者天下之高行，而以事足下可乎？"燕王曰："可。"曰："有此，臣亦不事足下矣。"

苏秦曰："且夫孝如曾参，义不离亲一夕宿于外，足下安得使之之齐？廉如伯夷，不取素餐，污武王之义而不臣，焉辞孤竹之君，饿而死于首阳之山。廉如此者，何肯步行数千里，而事弱燕之危主乎？信如尾生，期而不来，抱梁柱而死。信至如此，何肯扬燕、秦之威于齐而取大功乎哉？且夫信行者，所以自为也，非所以为人也。皆自覆之术，非进取之道也。且夫三王代兴，五霸迭盛，皆不自覆也。君以自覆为可乎？则齐不益于营丘，足下不逾楚境，不窥于边城之外。且臣有老母于周，离老母而事足下，去自覆之术，而谋进取之道，臣之趣固不与足下合者。足下皆自覆之君也，仆者进取之臣也，所谓以忠信得罪于君者也。"

燕王曰："夫忠信又何罪之有也？" 对曰："足下不知也。臣邻家有远为吏者，其妻私人。其夫且归，其私之者忧之。其妻曰：'公勿忧也，吾已为药酒以待之矣。' 后二日，夫至，妻使妾奉卮酒进之。妾知其药酒也，进之则杀主父，言之则逐主母，乃阳僵弃酒。主父大怒而笞之。故妾一僵而弃酒，上以活主父，下以存主母也。忠至如此，然不免于笞，此以忠信得罪者也。臣之事，适不幸而有类妾之弃酒也。且臣之事足下，亢义益国，今乃得罪，臣恐天下后事足下者，莫敢自必也。且臣之说齐，曾不欺之也。使说齐者，莫如臣之言也，虽尧、舜之智，不敢取也。"

【典故演绎与职场映射】

秦惠王有一个女儿，名字已经不得而知了，其实知道她叫什么也没多大意义，只要记住她是个有背景的女人就可以了。老爹、两个哥哥（秦武王、秦昭襄王）是秦国国君、老公是燕国国君。公元前333年，作为秦、燕两国的友好信物，此女嫁给了燕文公的太子为妻。没过多久，燕文公就死了，太子继位，史称燕易王，此女也就紧跟着升级成了燕国王后。对于这对小夫妻而言，此刻正是人生得意之时，无奈他们遇上了一个捣蛋鬼邻居。齐宣王要搞事情，趁燕国为先王治丧、新王继位不稳之际，于公元前332年出兵攻燕，夺取燕国10座城邑。此时被赵肃侯封为武安君的苏秦正在燕国行合纵之事，燕易王于是派苏秦出使齐国。苏秦果然不辱使命，齐国将士浴血奋战打下来的地盘，只凭苏秦一张嘴，又被齐宣王全部还给了燕国。人有时候就是这样悲催，不仅被敌人怨恨着，还被自己人嫉妒着。苏秦也一样，齐国有人要杀他，燕国也有人诽谤他。

燕王宫中有人神神秘秘地对着新君耳语："苏秦游历列国，巧舌如簧，实则乃是天下最无信义之人。王上以万乘之尊却对其推崇备至、礼敬有加，岂不是向世人昭告愿与小人为伍吗？"燕易王也是没脑子，居然就听信了谗言。苏秦回到燕国，还以为能得到燕王的一顿赞誉和赏赐，结果却不曾想，自己的行李铺盖，早都被扔出了燕国国宾馆。流落街头的苏秦，知道事情的原委后愤怒不已，士可杀不可辱，他要面见燕王。

毕竟苏秦是赵王的红人，有武安君的名头，再加上人家前脚刚刚为燕国讨回了失地。于情于理，都不能拒之门外，燕王只得不情不愿地让侍从传召苏秦。

苏秦进到殿中，看了一眼低头假装翻阅奏表的燕易王，气不打一处来，厉声说道："我本是东周洛邑一介平庸之辈，初见大王时，寸功未建，而大王却能亲赴郊野相迎，并在朝堂之中推我上位，显赫之至。今日，我为王事奔波于齐国，不惧性命之危，力挽狂澜，替大王收复城池，却被遗弃街头。大王对苏秦前后之别，定是有人谗言中伤。"苏秦顿了顿，燕王却没什么反应，还是低着头，竹简在他的手里被翻得哗哗作响，显然是有些不耐烦了。苏秦见一击不中，决定改变策略，他冷冷一笑，"大王这样对我其实也无妨，反倒对您而言是好事。他人说我苏秦没有信义，那请问大王，如我心怀三品，是否会为大王所用呢？""哪三品？"燕王终于抬头了，懒洋洋地问了一句。"尾生一般的信义，伯夷一般的廉洁，曾参一般的孝顺。"苏秦脱口而出。燕王又低下了头，只不过嘟囔了一嘴："如有此三品，本王自然敬你、用你，可惜你没有！"

苏秦大笑一声，惹得燕王厌恶不已，正待发作，却被苏秦犀利的目光给震住了。"大王，曾参孝顺，不离父母左右，更不会夜不归宿。臣若像其一般，又怎会抛家舍业来辅助燕国呢？伯夷廉洁，殷商旧臣，自认周武王伐纣乃不义之举，不食周食、不受周官，饿死于首阳山中。臣若像其一般，又怎会接受大王所托呢？尾生至信，与其心仪女子相约于桥下，然女子失约，恰逢河水暴涨，他为不失约定，不避不躲，以至于被淹死。臣若像其一般，又怎能为大王讨回失地呢？信义道德，不过是自我完善、自我约束，不可用于助人辅国。且恪守信义，只能自我封闭，昔日三王交替、五霸相继，皆因圣主明君不安现状，伺机而动。如个个都严守仁、义、礼、仪，那齐国怎会出兵攻燕？而大王不也有兵发楚境、窥视边城之举吗？苏秦老母尚在东周故地，我舍家不顾，赶来为大王分忧解难，却被无端猜忌，如此，大王心悦道德高洁之士，苏秦只是于纷乱中相机谋筹之人，道不同不相与谋呀。"

燕王还是没有被苏秦说服，而且苏秦的言论还激发了他的辩论欲望："诚如武安君所言，是有一定道理，但忠信礼仪又有什么可非议的呢？尾生、伯夷、曾参不也正是因此而芳名昭然吗？"苏秦见燕王反问，再做辩词："大王勿急。昔日苏秦尚在家中之时，有一邻家，男主在外为官，离家甚远，其妻与人私通。一日得信知其夫将回，遂与情夫商议，情夫甚是忧虑，担心事发。该妻却说：'不必烦闷，我已备好毒酒，只待他回家便结果了性命。'两日后，男主到家，该妻让女仆送上毒酒，女仆知道酒中有毒，送上则男主毙命，如说出实情，必然使女主获罪。大王，换作你是女仆，该如何行事？"燕王眉头一皱，"如此歹毒妇人，定要揭发报官，以惩凶顽。"苏秦没有理会燕王所答，"女仆奉酒至桌前，故意佯装跌倒，泼洒了毒酒。男主大怒，用竹板鞭笞她，女仆也不言明，默默受之。女仆这假装一摔，对上救了男主性命，对下保全女主名节，如此忠心仍不枉被打，正所谓忠心反遭祸端。今日苏秦，不正像这女仆一般吗？忠于王事、为国分忧，却因忠信反遭质疑。如此，天下还有何人敢来侍奉大王。更何况，我游说齐王时，并未欺诈诓骗，之所以能说服齐王，不过是苏某言辞婉转但又不失真切，以齐、燕之邦交利害得失，让齐王欣然接受而已。试想，如大王遣使亦如尧、舜一般贤德，恐怕齐王也未必会听从吧。"燕王恍然大悟，当即恢复对苏秦一切待遇，而且自此更加厚待苏秦。

虽然苏秦过了燕易王这一关，但后来还是在齐国被刺客重伤不治，弥留之际，请齐愍王以间谍通敌之罪，将自己车裂以引出刺客。齐王照计行事，诛杀了凶手。苏秦成为继商鞅之后又一个被施以车裂之刑的著名人物。但苏秦之死，确实也是为燕国谋划削弱齐国所致。

苏秦已死，往事烟消云散。但永远不要站在道德的制高点上去俯视别人。美德与善良无疑是正确的，然而如果将道德作为对人性的绑架，实则也是一种背德之举。人无完人、金无足赤，很多人就是喜欢用"道德"来攻击别人。况且，更多时候，人们总是善于用自己能做到、能遵守的道德规范去评价他人，而对于自己做不到的、偶尔也会逾越的准绳则避之不谈。别人打扮入时，在他眼里成了贪图虚荣，反之自己则是跟随时尚；别人彬彬有礼，在他眼里成了矫揉造作，反之自己则是温文尔雅；别人积极勤勉，在他眼里成了投机钻营，反之自己则是厚积薄发；别人升职加薪，在他眼里成了小人得志，反之自己则是实现价值；别人"跳槽"辞职，在他眼里成了朝秦暮楚，反之自己则是审时度势……用道德来约束自己，是高尚；用道德来约束他人，只能是伪善。

36　一时糊涂的申不害

【原文】韩策一·申子请仕其从兄官

　　申子请仕其从兄官，昭侯不许也。申子有怨色。昭侯曰："非所学于子者也。听子之谒而废子之道乎？又亡其行子之术而废子之谒乎？子尝教寡人，循功劳，视次第。今有所求，此我将奚听乎？"申子乃辟舍请罪曰："君真其人也。"

【典故演绎与职场映射】

　　如果说三家分晋是从天下格局的改变上划分了春秋战国时期，那么此起彼伏的变法运动，则是从政治体制的改革上拉开了战国的序幕。自魏国李悝变法开始，列国相互效仿，尤以秦国商鞅变法、韩国申不害变法、楚国吴起变法、齐国邹忌变法影响最大。当然只有商鞅变法最为彻底，不仅为秦统一全国奠定了基础，也顺应了历史发展的潮流，推动奴隶制社会向封建制社会转型，进而推动了整个社会的进步和历史的发展。在诸多的变法改革中，多以法家思想的代表人物为核心驱动，如李悝、商鞅、申不害、吴起皆为法家，而商鞅与申不害的变法又几乎是同时进行的。

　　公元前351年，韩昭侯拜申不害为相，以求变革图强。申不害出任韩相15年间，内修政教，外应诸侯，使韩国国力大增、国内政局稳定、贵族特权受到限制、百姓生活渐趋富裕，史称"终申子之身，国治兵强，无侵韩者"。

申不害原为郑国人，可别小看了这个郑国，它是法家思想的重要起源地。立国432年，传位24君，是春秋时期第一个强势起来的诸侯国。第三任国君郑庄公，雄才大略，一代枭雄，使郑国称霸中原，"天下诸侯，莫非郑党"。不过，郑国还是没能打破盛极而衰的魔咒，郑庄公死后，郑国开始陷入了长达326年之久的混乱与动荡。当其他诸侯国以郑庄公为榜样，忙着励精图治、发愤图强时，郑国自己却在不断上演着一出又一出的王位争夺闹剧，导致国势江河日下。虽然在郑襄公时期出现了一些中兴气象，但也仅仅维持了18年，之后很快又回到纷乱的主线上去了。就这样一直苟延残喘到公元前375年，被韩哀侯灭亡，郑国全数并入韩国。而时为郑国小吏的申不害随着这场跨国大兼并，身份也就转化成了韩国低级官员，自此开始了他从基层成长为高管的职场拼搏之旅。

公元前355年，为相4年后的申不害在韩昭侯的支持下开始变法。收回韩国贵族特权（这点和商鞅变法很像，商鞅也是先从秦国老世族开刀）。大行"术"治，整顿吏治，对官吏加强考核和监督，"见功而与赏，因能而授官"，使韩国显现出一派生机勃勃的景象。随后，他又整肃军兵，主动请命自任韩国上将军，使韩国的战斗力大为提高。与此同时，他还重视和鼓励发展手工业，特别是兵器制造。战国时期韩国铸造业是相当发达的，"天下强弓劲弩，皆自韩出"。

数年后，依托于变法取得的辉煌成就，身为韩国相国、上将军兼变法改革领导小组组长的申不害，俨然已是一人之下、万人之上，地位显赫、权势倾国。人有权了，免不了会遇上诸多的请托，但身为法家的申不害自然不会落入俗套，严格遵照法令行事，是其坚守的底线和原则。然而，谁还没个打盹犯糊涂的时候，申不害也不例外。

某日，申不害吃完早饭，正准备进宫与韩王商议下一步的改革重点和实施推进计划，只见相府管家匆匆来报："禀相国，府外有人求见，自言是大人堂兄，侍卫不能明辨，还请相国决断。""堂兄？"申不害有些诧异，不过他明白，只有一个人在有权有势的时候，沾亲带故的亲戚才会变得很多很多，一旦贫困潦倒，所谓的亲戚与路人无异。此时府外的这位，又不知是老申家的哪门子关系，既然来了那就见见，看看其有何说辞，免得落个忘本的骂名。申不害随即对管家吩咐："请进府中，客厅奉茶，好生接待，我随后就来。"管家得令，一溜烟的跑了出去。

申不害稍待片刻，由内室转出，但并没有直接步入客厅，而是在屏风处停了下来，他要透过间隙先看看来者何人。只见厅中站立一人，衣着朴素倒也得体，虽处相府之中，却无艳羡钦慕之色。"原来是他！"申不害暗暗一喜，疾步走入正堂。"堂兄安好呀！"申不害满面笑容。来人听见那久违而又熟悉的声音，一转身正好与申不害相向而对。"相国大人安好！"边说边要俯身行礼，却被申不害一把揽住，"堂兄不必如此，你为兄长，怎可向我施礼。小弟虽为相国，但此时在家中，只有兄弟，没有官民，堂兄勿要拘泥礼数，反倒生出好多不自在。"来人呵呵一笑，"那就谨遵相国法令！"申不害也是哈哈大笑："堂兄戏要了！"来者正是申不害的叔伯堂兄，血缘至亲至近，且二人年少时常常结伴搭伙，关系亲密。只是自申不害入韩王宫为官起，二人便少了走动，今日得见自然少不了一番熟络。

言谈间，申不害得知堂兄如今仍在郑国故地，登门相见，只是想请他在韩国都城新郑谋一生计，毕竟国都的环境、资源、机会都是极具诱惑与便利的。申不害当下对堂兄说道："堂兄所托之事，并无难处，只是普通生计何须劳师动众。如今小弟乃是一国之相，自然要为堂兄谋划周全。还请在府中稍待，我正好要进宫与王上商议要事，顺便为堂兄在朝中谋一个实惠，岂不更好！"堂兄拜谢不已。（注：申不害变法的核心就是要加强君主专制，虽然其已是相国高位，但人事大权仍在韩王手中，这也是申不害自己定的规矩，因此为其堂兄求官不能擅自做主，还是要得到韩王批准。）

申不害信心满满地入宫了，与韩王商议完治国大事已是月上中天。他见国事已完，便向韩王陈说私情。原以为凭着他的功劳与权势，就算不能为堂兄要个显赫官职，但普通官位还是没有任何问题的。没想到韩王居然一点面子都不给，不同意给申不害堂兄任何公职。申不害好不尴尬，就在刚才，他还与韩王同席而坐，共商国事，那关系怎是一个甜蜜蜜能形容得了的？一转眼，韩王就公事公办，丝毫不念及君臣情分。这让申不害很不爽，而且他要让韩王知道他很不爽。

韩王在拒绝了申不害的请求后，也没多想，还打算与其说说别的事情，却见申不害面露怨色，一声不吭，冷暴力指数直线飙升。韩王微微一笑，对着申不害说："相国是在为堂兄之事，埋怨本王吗？"申不害没好气地嘟囔了一句："臣可不敢埋怨王上！"韩王哈哈大笑："你我君臣相处也不是一两日了，相国心思本王岂能不知？"申不害没有接话。韩王继续说道："今日本王拒绝相国所请，正是在遵守相国给本王的治国之策。相国常常教诲本王要按功劳、才学来加官晋爵，此为吏治之本。相国堂兄寸功未建、才学未显，如给予官职，岂不是有违相国治国之策。相国怨色毕露，本王看了也不免忧虑，不知是该坚持相国法令，还是应与相国一起破了你的法令呢？还请相国赐教，本王一定听从。"申不害闻言，大惊失色，急忙跪拜，"王上贤明，臣一时糊涂，竟生出如此不堪的念头，更使性于王上，臣罪该万死，还请王上降罪治过。"韩王脸上依旧挂着笑容，轻轻地扶起申不害，"相国言重了，按法令，你虽举荐失察，且夹怀私情，但本王却并未因此做出错误决定，无任何不良后果发生，你我皆无罪。相国，本王没记错法令吧？""没有没有，王上记得真切，使臣汗颜！"申不害眼里泛起些许盈盈泪光，是因为惭愧，还是因为得遇明主，抑或是为自己没有铸成大错而庆幸，或许只有他自己心里最清楚。

很多人看了《韩一·申子请任其从兄官》后，会心一笑，觉得这又是一则法家"作法自毙"的实证。商鞅变法时，明令投宿之人必须出示身份凭证，否则收容之人会获罪斩首，结果在他自己出逃时，因不能提供凭证，反被抓获报官，落了个车裂结局。申不害同样是因其法令而不能为堂兄求得一官半职。这不都是在"作法自毙"吗？如果仅仅是看到了这些，无疑是"取其糟粕，去其精华"。怎么就看不到规则建立与体系维护的精神呢？

道、法、术、势，在企业管理中的意义，简而言之，道为方向和目标，法为规则和程序，术为措施和手段，势为文化和氛围。四者相辅相成，紧密联系，缺一则全废，其中以法为本尤其重要。既然定了规矩，无论是谁，都要严格遵守，但凡有可以逾越之人或不遵之事，就会乱了规矩，失了法度。企业中无数次的因人而异，在满足了个别或局部需求后，却让规则和体系变得千疮百孔。有人会说，没那么严重。是的，这是句实话，因为在很多人眼里，所谓的严重性，一定是重大的、急迫的、不可逆转的、当下就能触动利益的情形。可是大家也别忘了，千里之堤溃于蚁穴。还有人会说，不讲人情、坚持原则这个道理人人都懂，在管理成熟和规范的企业，差不多是可以做到的。但对于众多的中小企业而言，完全杜绝人情，也是不现实的。没错，这也是句实话。如果不能避免人情的干扰时，该怎么办呢？那就记住另外一句话吧——做不到实质上的公平客观，至少应该坚持程序上的一视同仁。

37　韩宣王的人事安排

【原文】韩策一·宣王谓摎留

　　宣王谓摎留曰："吾欲两用公仲、公叔，其可乎？"对曰："不可。晋用六卿而国分，简公用田成、监止而简公弑，魏两用犀首、张仪而西河之外亡。今王两用之，其多力者内树其党，其寡力者藉外权。群臣或内树其党以擅其主，或外为交以裂其地，则王之国必危矣。"

【典故演绎与职场映射】

　　公元前337年，申不害鞠躬尽瘁死于相位之上，享年48岁。与商鞅变法的结局不同，商鞅虽死，但秦法依然；而申不害死后，韩昭侯却没能继续坚持变法举措，致使国力迅速变弱。公元前333年，秦国攻克宜阳，韩昭侯郁闷而终。（注：此时秦国攻克宜阳，发生于秦惠王时期，只是掠夺资源和人口，并没有实质占领。故而才有了公元前308年秦武王与甘茂发动的宜阳之战，那时的韩王是韩襄王，韩昭侯之孙，韩宣王之子。）

　　韩昭侯去世后，其子韩康继位，史称韩宣王，他也是韩国历史上第一位称王的国君。新王理政，不能什么事情都自己亲自去做，父王有申不害为相，那他的相国在哪里？摆在韩宣王面前的棘手问题，不是朝中无人可用，反而是能用的人太多了，让他无法抉择。看来选择多了，有时候也不是一件好事。比如你手上有两块手表，但时间相差5分钟，这个时候让你说出现在几点了，恐怕也会很难判断。

微风拂动柳枝，轻盈曼妙，然而对于韩宣王而言，却看得有些凌乱，正如他此刻的心情一般。相位空置，该如何决断，他叹了口气，转身步入王殿。就在他进入王殿的那一瞬间，瞥了瞥殿门外的甲士，左右分立，威严而不失飒爽之姿。突然，他豁然开朗，如此简单之法，本王之前怎么就没想到。顿悟之时，不禁哈哈大笑起来，惹得两名甲士面面相觑，不由得偷偷相互对望一眼，还以为自己哪里出了纰漏，惹得韩王嬉笑了。就在他俩分神之际，韩王已回到殿中，对着侍从大声说道："传摎（jiū）留（史料中所记甚少，详情不得而知，也有说法为韩宣王时期韩国名将。）即刻来见本王。"

摎留匆匆入宫，见韩王心情大好，有些纳闷，"王上召见末将，有何差遣？"韩王笑呵呵地看着摎留："将军不必急躁，如今韩国四邻太平，也无战事，本王只想和将军聊聊朝堂之事。"摎留仍有些不解："上阵杀伐，末将义不容辞，然而对这朝堂之事，却不免愚钝，言语有失之处，还请王上勿怪。""这个本王知道。"韩王示意摎留入座，接着说道："将军也知道，相位至今空置，本王甚是忧虑。""王上是没有中意之人吗？"摎留问。"本王觉得这相国之位，必须选一贤德之人任之，内可修政辅国，外可应和诸侯。此时朝中有两位，倒是甚合吾意。"韩王顺手拿起了两份奏表，在手中扬了扬。摎留再问："两位？请王上示下。"韩王放下奏表，缓缓说道："一位是公仲侔，一位是公叔，此二人皆可出任相国。"摎留点点头："王上圣明，公仲侔、公叔二位的确是治国理政、邦交筹谋的大才。然而相位只有一个，王上决定让谁赴任？"韩王目光移向了殿外的甲士，微微一笑："二人皆有经天纬地之才，舍弃谁都会使国家有失栋梁，这也是相位久空、本王烦忧之因。不料今日突觉顿悟，为何要受这相位牵绊，本王决定由公仲倗、公叔共掌国政，将军以为如何？"说完，韩王目光一收，又盯向了摎留。他想摎留一定会为这个决定而惊诧，但更多的应该是钦佩，只有他这样的明君圣主，才会想到如此两全之策。然而他想错了。

摎留闻言，没有钦慕，只有惊诧。他急急向韩王陈说："王上，万万不可如此安排。"韩王有些失望，冷冷地说道："有何不可？"摎留回道："王上忘记晋国往事了吗？我韩国之所以能立世存国，始于三家分晋，晋国之所以一分为三，正是六卿共掌国事以致分裂。于韩而言，自然希望分权以图国，但如今王上乃是一国之君，不可忘记前车之鉴。昔日齐简公并用田常、阚止为左、右相国。阚止得宠，田常嫉妒遂发动政变，杀死阚止和齐简公。不说远的，就是近在咫尺的魏国，魏襄王并用公孙郝、张仪，两人各怀心机，使秦国获利，夺取了魏国西河之地。如今王上也要并用公仲倗、公叔，难免导致此二人之间生隙，均欲独霸大权。如一方势大，则于国中培植党羽势力；势弱一方必然会外交诸侯，借助外力巩固自己。如此，群臣效仿，对内拉帮结派、专横擅权，对外依靠他国、割地丧权，到那时王上岂不危矣？"

韩宣王似乎并没有听从摎留的建议，而摎留的担忧也得到了应验。这点能从《战国策》的相关记载中窥得一二。公仲倗与公叔之间显然是存在矛盾的，而且两人还因此陷入了王位继承的派系争斗中。只不过公仲倗在韩国的政治地位和影响力要略高于公叔，其自韩宣王时期为相，又被韩襄王重用，直到公元前296年因选择支持公子几瑟继位而失宠。随着公叔支持的公子韩咎继位为韩厘王，公仲倗自然也就退出了韩国政坛。

纵观整部《战国策》，这种臣僚之间的相互竞争、倾轧、诋毁、构陷甚至是杀戮之象，比比皆是。就是英明神武的秦武王开天辟地的设立丞相一职，由甘茂、樗里疾分任左、右丞相，也没能免去二人之间的权力之争。不仅如此，后世的历朝历代中，这样的情况更是此起彼伏。以至于深深地植根在了中国人的思维中，延续至今。企业里的人际纷争，高发于两种情况之下：一是太闲了，人闲是非多；二是能人太多，一山容不得二虎。尤其是第二种情况显得更为剧烈，也使职场上平添了几分诡异之色。做领导者的都有自己的小心思，希望企业中的"能人越多越好"，同一岗位或职务，有几个能力相同的人，相互之间竞争一下，对提高工作成效，绝对可以起到推动和促进作用，而且正是因为能人多，也就不担心一家独大，有后手才会更安心。不过，事物都有两面性，能人太多的不利因素就是内耗也会随之加剧。

团队的定义很清楚——"具备相辅相成能力、性格的人，为了共同的目标凝聚在一起，遵循共同的行为准则，接受统一的评价标准，共同承担最终的结果和责任"。相辅相成、优势互补，才是团队组合和构建的基础。如果你的团队并不是那么和谐，会不会是因为"能人"太多了，他们之间是不是正在进行着那场看不见硝烟的战争呢！

38　胡服骑射

【原文1】赵策二·武灵王平昼闲居

　　武灵王平昼闲居，肥义侍坐曰："王虑世事之变，权甲兵之用，念简、襄之迹，计胡狄之利乎?"王曰："嗣立不忘先德，君之道也；错质务明主之长，臣之论也。是以贤君静而有道民便事之教，动有明古先世之功。为人臣者，穷有弟长辞让之节，通有补民益主之业。此两者，君臣之分也。今吾欲继襄主之业，启胡、翟之乡，而卒世不见也。故弱者，用力少而功多，可以无尽百姓之劳，而享往古之勋。夫有高世之功者，必负遗俗之累；有独知之虑者，必被庶人之恐。今吾将胡服骑射以教百姓，而世必议寡人矣。"

　　肥义曰："臣闻之，疑事无功，疑行无名。今王即定负遗俗之虑，殆毋顾天下之议矣。夫论至德者不和于俗，成大功者不谋于众。昔舜舞有苗，而禹袒入裸国，非以养欲而乐志也，欲以论德而要功也！愚者暗于成事，智者见于未萌，王其遂行之。"

　　王曰："寡人非疑胡服也，吾恐天下笑之。狂夫之乐，知者哀焉；愚者之笑，贤者戚焉。世有顺我者，则胡服之功未可知也。虽驱世以笑我，胡地、中山吾必有之。"

　　王遂胡服。使王孙绁（xiè）告公子成曰："寡人胡服且将以朝，亦欲叔之服之也。家听于亲，国听于君，古今之公行也；子不反亲，臣不逆主，先王之通谊也。今寡人作教易服而叔不服，吾恐天下议之也。夫制国有常，而利民为本，从政有经，而令行为上。故明德在于论贱，行政在于信贵。今胡服之意，非以养欲而乐志也。事有所出，功有所止，事成功立，然后德且见也。今寡人恐叔逆从政之经，以辅公叔之议。且寡人闻之：'事利国者行无邪，因贵戚者名不累。'故寡人愿慕公叔之义，以成胡服之功。使绁谒之叔，请服焉。"

公子成再拜曰："臣固闻王之胡服也，不佞寝疾，不能趋走，是以不先进。王今命之，臣固敢竭其愚忠。臣闻之：'中国者，聪明睿知之所居也，万物财用之所聚也，贤圣之所教也，仁之所施也，诗、书、礼、乐之所用也，异敏技艺之所试也，远方之所观赴也，蛮夷之所义行也。'今王释此而袭远方之服，变古之教，易古之道，逆人之心，畔学者，离中国，臣愿大王图之。"

使者报王。王曰："吾固闻叔之病也。"即之公叔成家自请之曰："夫服者所以便用也，礼者所以便事也。是以圣人观其乡而顺宜，因其事而制礼，所以利其民而厚其国也。祝发文身，错臂左衽，瓯越之民也。黑齿雕题，鳀（tí）冠秫（shù）缝，大吴之国也。礼服不同，其便一也。

"是以乡异而用变，事异而礼易。是故圣人苟可以利其民，不一其用；果可以便其事，不同其礼。儒者一师而礼异，中国同俗而教离，又况山谷之便乎！故去就之变，知者不能一；远近之服，贤圣不能同。穷乡多异，曲学多辨。不知而不疑，异于己而不非者，公于求善也。

"今卿之所言者，俗也；吾之所言者，所以制俗也。今吾国东有河、薄洛之水，与齐、中山同之，而无舟楫之用。自常山以至代、上党，东有燕、东胡之境，西有楼烦、秦、韩之边，而无骑射之备。故寡人且聚舟楫之用，求水居之民，以守河、薄洛之水；变服骑射，以备其燕、东胡、楼烦、秦、韩之边。且昔者简主不塞晋阳以及上党，而襄王兼戎取代，以攘诸胡。此愚知之所明也。

"先时中山负齐之强兵，侵掠吾地，系累吾民，引水围鄗（hào），非社稷之神灵，即鄗几不守。先王忿之，其怨未能报也。今骑射之服，近可以备上党之形，远可以报中山之怨。而叔也顺中国之俗以逆简、襄之意，恶变服之名，而忘国事之耻，非寡人所望于子！"

公子成再拜稽首曰："臣愚不达于王之议，敢道世俗之闻。今欲断简、襄之意，以顺先王之志，臣敢不听令。"再拜，乃赐胡服。

赵文进谏曰："农夫劳而君子养焉，政之经也。愚者陈意而知者论焉，教之道也。臣无隐忠，君无蔽言，国之禄也。臣虽愚，愿竭其忠。"王曰："虑无恶扰，忠无过罪，子其言乎。"赵文曰："当世辅俗，古之道也；衣服有常，礼之制也；修法无怨，民之职也。三者，先圣之所以教。今君释此，而袭远方之服，变古之教，易古之道，故臣愿王之图之。"

王曰："子言世俗之间。常民溺于习俗，学者沉于所闻。此两者，所以成官而顺政也，非所以观远而论始也。且夫三代不同服而王，五伯不同教而政。知者作教，而愚者制焉。贤者议俗，不肖者拘焉。夫制于服之民，不足与论心；拘于俗之众，不足与致意。故势与俗化，而礼与变俱，圣人之道也。承教而动，循法无私，民之职也。知学之人，能与闻迁，达于礼之变，能与时化，故为己者不待人，制今者不法古，子其释之。"

赵造谏曰："隐忠不竭，奸之属也；以私诬国，贼之类也。犯奸者身死，贼国者族宗。此两者，先圣之明刑，臣下之大罪也。臣虽愚，愿尽其忠，无遁其死。"王曰："竭意不讳，忠也。上无蔽言，明也。忠不辟危，明不距人，子其言乎。"

赵造曰："臣闻之：'圣人不易民而教，知者不变俗而动。'因民而教者，不劳而成功；据俗而动者，虑径而易见也。今王易初不循俗，胡服不顾世，非所以教民而成礼也。且服奇者志淫，俗辟者乱民。是以莅国者不袭奇辟之服，中国不近蛮夷之行，所以教民而成礼者也。且循法无过，修礼无邪，臣愿王之图之。"

王曰："古今不同俗，何古之法？帝王不相袭，何礼之循？宓（fú）戏、神农教而不诛，黄帝、尧、舜诛而不怒。及至三王，观时而制法，因事而制礼，法度制令，各顺其宜，衣服器械，各便其用。故礼世不必一其道，便国不必法古。圣人之兴也，不相袭而王；夏、殷之衰也，不易礼而灭。然则反古未可非，而循礼未足多也。且服奇而志淫，是邹、鲁无奇行也；俗辟而民易，是吴、越无俊民也。是以圣人利身之谓服，便事之谓教，进退之谓节，衣服之制，所以齐常民，非所以论贤者也。故圣与俗流，贤与变俱。谚曰：'以书为御者，不尽于马之情；以古制今者，不达于事之变。'故循法之功不足以高世，法古之学不足以制今，子其勿反也。"

【原文2】赵策二·赵燕后胡服

赵燕后胡服，王令让之曰："事主之行，竭意尽力，微谏而不哗，应对而不怨，不逆上以自伐，不立私以为名。子道顺而不拂，臣行让而不争。子用私道者家必乱，臣用私义者国必危。反亲以为行，慈父不子；逆主以自成，惠主不臣也。寡人胡服，子独弗服，逆主罪莫大焉。以从政为累，以逆主为高，行私莫大焉。故寡人恐亲犯刑戮之罪，以明有司之法。"

赵燕再拜稽首曰："前吏命胡服，施及贱臣，臣以失令过期，更不用侵辱教，王之惠也。臣敬循衣服，以待令。"

【典故演绎与职场映射】

韩宣王自己的内政还没搞太清楚，又把目光投向了纷乱的国际社会，而这一次他要铁肩担道义，为赵国打抱不平。公元前326年，赵肃侯去世，年仅15岁的赵雍继位，史称赵武灵王。看着年少稚嫩的赵国新君，魏惠王按捺不住内心的激动，天赐良机不容错过，报仇的日子到了！赵肃侯在位时，独霸北方之地，与周边国家的关系搞得很僵，一言不合就开战，尤其是魏国，有时候居然被打得无力招架。这口恶气憋太久，终于要发泄了。魏惠王联合秦、楚、齐、燕组成五国联军，以参加赵肃侯追悼大会为名，浩浩荡荡地派出一万精锐之师，在魏国完成集结，陈兵魏、赵边境。这恐怕也是有史以来，一国领导人去世后，他国派出的规模最大的一支吊唁队伍吧。

赵雍虽然年纪小，但霸气侧漏，以其与生俱来的非凡胆识和谋略，在托孤重臣肥义的倾力辅助下，强硬反制，连放大招：第一，赵国全境进入战备状态，严阵以待。第二，遣使游说韩、宋两国，结成军事同盟。第三，重金贿赂南方越王无疆（越王勾践的六世孙），促成越国攻楚。第四，重金贿赂北方少数民族楼烦王，促成楼烦出兵攻击燕国和齐国的小弟中山国。第五，严令五国吊唁军队不许踏入赵国一步，要是敢进来，就打出去。只允许五国使者携带各国国君的吊唁之物入境，且必须由赵国大臣带重兵直接护送至国都邯郸（说是护送，实质上重兵押解）。

楚国、燕国忙于应付战事，无暇全力配合五国联军，而赵、韩、宋联盟足以对抗魏、秦、齐三国联军。更兼邯郸城中重兵布防、戒备森严，五国使者不敢有任何造次，待赵国国葬完毕后，撒丫子各回各家了，这出闹剧也就草草收场了。

公元前325年，赵雍正式继位，为了给少年诸侯一壮胆色，韩宣王亲自带着太子韩仓（后韩襄王）赴邯郸祝贺，令赵雍大为感动。而魏惠王为了弥合魏、赵关系，带着太子魏嗣（后魏襄王）也赶到了邯郸。冤家宜解不宜结，赵武灵王同样以礼相待。这就是做人的格局。自此，赵武灵王冲破万分险恶，华丽丽地开始了他那光彩夺目的前半期执政生涯。（执政晚期因其一手导演的权力争夺，终演变成了沙丘宫变，导致自己被活活饿死。）

赵武灵王送走了各国拜贺新君继位的使臣后，并未就此高枕无忧，脑海中不断回想起数月前的五国危机，他盯着赵国的版图陷入了沉思。父王时期的连年用兵，致使国力贫竭。加之四邻强悍，不仅与齐、燕、魏、秦接壤，随时可能爆发战端；还有北方的东胡、匈奴、楼烦、林胡等游牧民族，也是常常纵马入境，烧杀掳掠；更为忧虑的是，中山国犹如芒刺在背，楔入赵国疆域之内，虽战力不强，但却冷不丁的就会从背后捅一刀，袭击邯郸，这个威胁比外部的强敌更大。攘外必先安内，那就先干掉中山国。赵武灵王眼露杀机，不过很快又黯淡了下去，中山国是一定要灭的，可是怎么打？能打得过吗？这是个问题！

时光匆匆，一转眼34岁的赵雍已经执政19年了。在这19年间，日子过得并不太平，齐、秦、魏等国接二连三地就会发兵攻赵，损兵折将、忍辱割地似乎成了赵武灵王唯一能做的事情；北方的林胡、楼烦等外族虽然不要地盘，但是掠夺人口、兵器、牛马等生产、军事资源，有时候比失地带来的负面影响还要大；中山国自然也没消停，骚扰成了家常便饭。赵武灵王郁闷了，中原列国战力强盛，打不赢也就罢了，北方的化外蛮夷，逐水草迁移，居无定所，怎么也会让赵国无力还手呢？"骑兵！是他们的骑兵！"赵雍突然心中一亮，喃喃自语。想到此，他颁布诏令，凡与戎狄再战时，务必要擒获其骑兵一二，送至邯郸。

这道诏令对于频繁的战事而言，并不难办。很快，赵国捕获了几个胡兵，连人带马一刻不停，送回国都。赵武灵王立即前去视察，但见这几个套马的汉子，上穿贴身窄袖短衣、下着紧身长裤、脚蹬革靴、腰间系带、带挂弯钩，虽为败军，但仍不失利落轻便。赵王派人还其兵器箭矢，让其上马与赵军士卒对战，输赢皆可活命。胡兵没那么多礼数，只听得可以打架了，嗷嗷乱叫，对着赵军不断挑衅。此时，赵军中也冲出了10余骑兵，要在王上面前一逞手段。群马交错，赵军骑兵宽衣博带、长裙长袍、上衣下裳，极为笨拙，不时有衣带交缠、自束其臂的情况。反观胡兵，兵器抢回自如，上劈下刺、左突又闪，十分灵巧。更兼其腰间弯钩，可随心挂取箭矢，马上射杀威力无比。赵军不敌，纷纷落败，又迎来胡兵好一阵狂叫。赵武灵王看得真切，不觉得也放声大笑，左右近臣、满场兵卒皆面面相觑。

"胡服轻便、骑射娴熟、赵军安能不败。本王欲效仿胡服骑射，以革除赵军弊端。"赵武灵王暗下决心，由此也拉开了中国古代军事史上一次影响深远的大变革。

理清了头绪的赵武灵王心情不错，近来几日不断揣摩思索，让他有些疲惫。闲来无事，便唤来托孤重臣肥义，陪他在宫中散散步，换换脑子。肥义看着略显消瘦的赵雍，不禁问道："天下纷争，兵戈不止，赵国羸弱，让王上忧心了。"赵雍盯着湖面的微波，苦笑一声。肥义近前一步："昔日赵简子首开列国变革之风、赵襄子三家分晋遂定赵国，何其荣耀。今日王上是否也想效仿先王除旧更新，取胡、狄之长行强国之术呢？"赵雍停下了脚步，转头看着肥义，暗暗佩服父王慧眼识人，选择的这位托孤之臣，果然不一般，不仅能于历次危局之中，助他力挽狂澜，而且心思缜密、洞若观火。他在湖边找了一块光洁平整的青石，示意肥义与他同坐后，对肥义说道："继承君位不忘先祖功德，乃为君之道；治国安邦替君分忧，乃为臣之本分。本王立志承襄子大业，使赵国强盛，让诸侯蛮夷不敢小觑。无奈，也有些身不由己的担忧呀！"肥义问道："王上有何忧虑？"赵雍回道："建功立业、争霸图强，应不拘泥于常法，但如此也会招来世俗之人的责难和怨恨。如今本王准备教化赵国民众改穿胡服以取其便，敦促赵国兵卒练骑射之术以取其利。只怕如此一来，也会引发国人诸多指责非议，一时踌躇，故而忧虑！"

肥义闻听此言，站起身来，低头不语，只是来回踱着步子。赵雍也不理会，又怔怔地看向了湖面。"王上，"肥义坐回赵雍身边，"臣闻言，犹豫不决不可成事，行动在即还顾虑重重，必然前功尽弃。今日王上已决心背弃世俗，那就不要再去顾虑国人之非议了。道德高洁之士，不会附和庸俗之词；成就大业之人，不会在意反对之声。昔日舜帝跳有苗之舞（有苗为上古南方部族）、大禹裸身进入蛮夷之地，并非此二圣想放纵情欲、怡乐心志，而是要借此宣扬道德、教化方外。何为愚人，无非是在事后还看不清缘由之人；而何为智者，则是在事前便已有预料，且能谋划周全之人。王上既然决心已定，就放手实施吧。"

肥义的话，给了赵雍莫大的支持，他不觉心中忧虑尽除，一把拉住肥义的手，目光坚定："本王不是对胡服骑射有何顾虑，只是担心此举成为天下笑柄。狂狷之人的讥笑难免使人悲哀，愚钝之人的言辞也难免使人烦闷。如国人皆能顺我之意，全军亦能遵我之令，则胡服骑射定能使赵国强盛。如此，就算遭天下不耻，本王也将要攻伐胡狄、剿灭中山国。还请爱卿谨记今日之言，再助我成就霸业。"肥义点头称喏，君臣同心，其利断金。赵雍遂于公元前307年，在赵国正式开始推行"胡服骑射"。而这一年秦国左丞相甘茂攻取韩国宜阳，秦武王举鼎而亡。

正如赵武灵王所料，让自居中原正统的华夏族（当时还未出现汉族的称谓）摒弃礼仪，改穿蛮夷服饰，这无疑是奇耻大辱和倒退。一时间举国哗然，抵触之声充斥赵国的角角落落，其中以赵国王室贵族的反对尤为剧烈。赵武灵王自己改穿胡服，也没引发示范作用。看来要推行改革，王室是绕不过去的一道坎。赵武灵王决定先从王叔赵成那里打开突破口。

入夜，赵成的府邸灯火通明，此时他斜卧榻上，不住地咳嗽。然而对于坐在他面前的赵绁而言，这病也装得太假了。赵绁应付着嘘寒问暖了一阵子，对赵成说道："兄长，今日王上差我前来问安，还有言语转告。""王上有何吩咐？"赵成已经猜到了赵绁此来，绝不单单是慰问。赵绁回话："王上说他已改穿胡服，且要依此临朝理政，请兄长也能效仿于他。"赵成又一阵子干咳，没有接话。赵绁继续说道："王上还说：'为人子，于家中听命父母；为人臣，于朝堂听命君上，此乃天地公理。如今本王下令行胡服骑射之策，如王叔不遵，恐招国人非议。治国理政皆有法度，须以社稷民众利益为本。本王改行胡服骑射，并非一时兴起要纵情恣欲、贪图戏耍，而是为赵国千秋百代谋算。政令初行，只是千里跬步，还需假以时日，方能显现成效。王叔若是背行抵触，将会助长王室贵族轻视法令之心。你我皆一脉至亲，还望能仰仗王叔威望，以促成改革之事。但请易服。'"

赵成看着已经改穿胡服的赵绁，一脸的嫌弃，但赵王之言，却也句句在理，于是便对赵绁说："我已知王上改穿胡服之事，无奈卧病在床，行动不便，未曾进宫拜见。今日既然王上传话，那也烦请兄弟再跑一趟，替我言明于王上。中原之地，乃远见卓识之人所居，物产富饶、资源聚集，古之圣贤教化百姓、广施德政仁义。《诗》《书》《礼》《乐》皆为圣言。自古以来，唯有四夷蛮荒效仿我中原文明之举，然而今日王上却要舍优取劣。实则是有违道德与国人心意，还请王上三思慎行。"

赵绁无功而返，早在赵雍的预料之中，这只不过是他投石问路而已，接下来必须自己亲自出马。翌日，赵雍亲赴赵成府邸，前面的文章已经做足，就用不着拐弯抹角了。赵雍端坐于正堂之中，赵成侍立于旁。"王叔，古之圣贤，皆能因地制宜，视变化而修礼制法，都是为了利国利民。瓯越与吴国同处南蛮之地，但民风民俗迥异；中原之地风俗规整，但各国政教也并非一致；儒生虽同门研习，其所传礼法却各不相同；不同地区的服式，即使圣贤君主也难以统一。王叔只是看到了风俗顺应，而本王思谋的则是改变赵国弊端。我赵国虽有黄河、漳水环卫，却无战船能御齐国、中山之敌；东有燕国、东胡、常山、代郡、上党皆暴露于敌前；西有秦、韩、楼烦；然而骑兵疲弱，不堪一击。因此，本王有意制造战船、招募习于水战之卒，防守黄河、漳水；推行胡服骑射，以绝秦、韩、燕、东胡、楼烦等国犯境。昔日先王简子突破晋阳、上党；襄子兼并戎族、代郡，以抵御胡人。我赵国强盛一时。反到了今日，一个小小的中山国凭借齐国支持，屡屡侵我疆土、掳我国民，更为可气的是，居然决水屠城，险些灭了鄗城。如此这般深仇大恨，却因赵国柔弱，不能雪耻。今日我推行胡服骑射，于当下而言，可扼守上党要塞；从长远看，则是为了攻灭中山国，永除后患、图霸中原。可王叔您却偏偏要承袭中原旧俗，违背先王图霸遗愿，只是憎恶易服，却忘了赵国耻辱，本王深感痛心！"赵成闻言，惭愧至极，当下跪拜请罪："是臣冥顽不灵，竟没体会到王上的良苦用心。王上要继承先王遗愿，争霸图强，臣岂敢不从！"看着赵成已换好胡服，赵雍略略地有些轻松，但这对于他而言才仅仅是个开始。

赵国王室接二连三觐见赵雍，赵文、赵造、赵俊、赵燕等，纷纷大声疾呼请赵雍收回成命。经过一番又一番的唇齿较量，甚至是威逼利诱，在肥义、楼缓等朝中重臣的支持下，王室终于妥协，胡服骑射得以在赵国全境顺利实施。

赵国因胡服骑射而建立了一支机动化强、攻势凌厉的骑兵部队。只用了一年时间，便显现出威力。公元前306年，准备好了的赵国向中山国动手了：夺取宁葭（今河北获鹿县北），又西攻林胡，占领榆中（今内蒙古河套地区），辟地千里。林胡王献良马求和，赵国也由此获得了骑兵战马的供给。公元前305年，赵国再次攻打中山国，中山王献出4座城邑请和。其后于公元前303年、公元前300年继续攻取中山国。公元前296年，中山国终被赵武灵王之子赵惠王灭国。与此同时，赵国强大的骑兵还向北袭击匈奴、楼烦、东胡等国，势力范围直达云中（今内蒙古托克托县）、九原（今内蒙古包头市）。赵国也据此一跃成为当时与秦国比肩而立的军事强国。

赵武灵王"胡服骑射"的意义和影响自不必多言，这次变革与列国变法的不同之处，除了其主要以军事改革为主外，也是一次由最高决策者直接发动的变革。但无论是职业经理人还是企业的所有者，面对变革遭遇困境时，赵武灵王的举措都给了我们极大的启发——对"势"的引导和利用。

取势。赵武灵王第一步先取势，得到了朝中诸如肥义、楼缓等重臣的支持，为变革赢得了执行基础和团队保障。

去势。对于顽固保守的王室成员，赵武灵王采取先礼后兵、各个击破的办法，削弱了阻碍势力，实现了统一思想、营造了示范氛围。

顺势。赵国积贫积弱的现状，急需要作出调整和改变，而抵触胡服骑射的人，其核心也希望赵国能强盛，只是对强盛所采取的手段不认同。鉴于此，赵武灵王抓住核心本质，排除干扰，使赵国上下能回归到强国的主线上来，变革也就能顺势而为。

造势。不管是赵武灵王，还是王室贵族、元老重臣，带头易服，支持政令，都是为了给变革造势，让国民能够通过营造出来的氛围，而感知政府的决心和力度，实现了上行下效。

趁势。在胡服骑射实行到一定阶段后，赵武灵王发动攻势，节节取胜。通过对其成效的检验，使举国上下感受到了变革带来的收益，由此更加坚定的支持和遵行法令，良性循环也就自然而然形成了。

取势、去势、顺势、造势、趁势——企业中的"赵武灵王"们，你们做好准备了吗？你们的"胡服骑射"能成功吗？

39　以德配位

【原文1】赵策二·王立周绍为傅

王立周绍为傅，曰："寡人始行县，过番吾，当子为子之时，践石以上者皆道子之孝，故寡人问子以璧，遗子以酒食，而求见子。子谒病而辞。人有言子者曰：'父之孝子，君之忠臣也。'故寡人以子之知虑为辩足以道人，危足以持难，忠可以写意，信可以远期。诗云：'服难以勇，治乱以知，事之计也。立傅以行，教少以学，义之经也。循计之事，失而累；访议之行，穷而不扰。'故寡人欲子之胡服以傅王子。"

周绍曰："王失论矣，非贱臣所敢任也。"王曰："选子莫若父，论臣莫若君。君，寡人也。"周绍曰："立傅之道六。"王曰："六者何也？"周绍曰："知虑不躁达于变，身行宽惠达于礼，威严不足以易于位，重利不足以变其心，恭于教而不快，和于下而不危。六者傅之才，而臣无一焉。隐中不竭，臣之罪也。传命仆官，以烦有司，吏之耻也。王请更论。"

王曰："知此六者，所以使子。"周绍曰："乃国未通于王胡服。虽然，臣王之臣也，而王重命之，臣敢不听令乎！"再拜，赐胡服。

王曰："寡人以王子为子任，欲子之厚爱之，无所见丑。御道之以行义，勿令溺苦于学。事君者，顺其意，不逆其志；事先者，明其高，不倍其孤。故有臣可命，其国之禄也。子能行是，以事寡人者毕矣。《书》云：'去邪无疑，任贤勿贰。'寡人与子，不用人矣。"遂赐周绍胡服衣冠、贝带、黄金师比，以傅王子也。

【原文2】魏策一·魏公叔痤为魏将

魏公叔痤为魏将，而与韩、赵战浍（huì）北，禽乐祚。魏王说，迎郊，以赏田百万禄之。公叔痤反走，再拜辞曰："夫使士卒不崩，直而不倚，挠而不辟者，此吴起余教也，臣不能为也。前脉形地之险阻，决利害之备，使三军之士不迷惑者，巴宁、爨（cuàn）襄之力也。县赏罚于前，使民昭然信之于后者，王之明法也。见敌之可也鼓之，不敢怠倦者，臣也。王特为臣之右手不倦赏臣，何也？若以臣之有功，臣何力之有乎？"王曰："善。"于是索吴起之后，赐之田二十万。巴宁、爨襄田各十万。

王曰："公叔岂非长者哉！既为寡人胜强敌矣，又不遗贤者之后，不掩能士之迹，公叔何可无益乎？"故又与田四十万，加之百万之上，使百四十万。故《老子》曰："圣人无积，尽以为人，己愈有；既以与人，己愈多。"公叔当之矣。

【典故演绎与职场映射】

赵武灵王看着后宫中上至王后、嫔妃，下至婢女、内监，一众人等皆已是胡人打扮，很是宽慰。不过更让他欣喜的是，终于给几位王子寻觅到了一位好老师。庄重的拜师大礼正在进行，赵章、赵何等赵国王室公子对着一位目光炯炯，严肃又不失和蔼的长者俯身跪拜。礼毕，侍从奉上一个质朴的托盘，赵雍笑容盈盈地站起身来，将托盘上的物件一一取出：一套新缝制的胡服衣帽，一条嵌有玉扣的束身革带，最耀眼的是那个金灿灿的胡带挂钩。赵武灵王已经将胡服作为一种赏赐，奖励给有功之人，胡服也因此衍生出了荣耀的象征，其意义类似于清代皇帝赐予王公大臣的黄马褂。长者欣然接受，拜谢赵雍。此人正是周绍，赵国王室公子的御用老师。而周绍之所以能被赵王相中，最初的原因是其孝感天下，很久之前赵雍就曾慕名拜访。在宋代著名文学家林同所著的《贤者之孝二百四十首》之《周绍》中，为其赋诗表赞："欲得忠臣者，求之孝子门。如何傅王子，尚复待人言。"但真正让赵雍下定决心辅佐公子的，则是周绍那段如何为人臣的千古名言。

昔日，赵雍拜会周绍，重礼相聘，想请其入宫教子，却被周绍拒绝。有韧性的赵雍绝不会就此放弃，时隔不久，他二请周绍。周绍盛情难却之下，便对赵雍说道："古之圣贤，设立辅佐之官，须察验受聘之人必须达到6项标准。然而今日臣愚钝，6条皆不具备，因此不敢接受王上所请。"赵雍请其言明。周绍回道："一者：智慧深邃有远见，居危思安擅谋划，通时合变不急躁；二者：严于律己不骄狂，宽以待人不苛责，安分守常懂规矩；三者：不畏强权有正气，坚持原则不迎奉；四者：不为利益易心志，不为虚名改初衷；五者：恪守道德不纵情，谨遵纲常不恣意；六者：善待从属不虚伪，亲和隶下不姑息。"赵雍闻言，说道："正是本王知道这6项标准，而先生所言，不仅是在说明如何为臣，也是在反教本王如何为君，如此更要拜请先生。"周绍遂接受王命。

如果说周绍是在理论的基础上，为职场众人指明了如何做好管理者。那么在赵国这场君臣对话之前大约55年的时候，魏国君臣之间则是用实际行动，诠释了管理者的格局和操守。

公元前362年，魏国相国兼上将军公孙痤，率兵与韩、赵联军会战于浍水北岸（浍水为汾河的支流），大胜而回，并擒获赵国主将乐祚。魏惠王大喜，亲率近臣至王城郊外相迎。十里长亭，鼓乐齐鸣，公孙痤远远见到魏王銮驾，赶紧翻身下马，一溜小跑来到近前。魏王拉着公孙痤的手，好一顿夸赞。君臣二人步入亭中，近臣于亭外陪坐，接风洗尘的酒宴已布置妥当。魏王起身，"诸位爱卿，今日相国得胜还朝，实乃我魏国盛事。赵、韩原与我同为三晋，自文侯起虽各自立国，但本该携手同行，共图天下霸业，岂料两国竟背信发兵，攻我浍水，幸亏相国不辞劳苦，举兵御敌，方保我魏土不失。相国之功甚著！""是呀！""不错不错！""相国神武！"……亭外一阵附和。公孙痤也急忙起身，对着魏王和亭外众人，拱手致谢。魏王举杯，群臣响应，一饮而尽，各自落座。魏王对着公孙痤说道："相国劳苦功高，本王欲赐良田百万亩，为你的食禄之地。"公孙痤闻言，猛地起身，离席倒退数步，扑通一声跪倒在地，接连顿首两拜。魏王面带笑容，看着公孙痤，他在等公孙痤三呼万岁，再说些诸如"感激涕零""肝脑涂地"之类的话，这场浍水保卫战就可以完美收官了。却见公孙痤大声说道："王上万万不可，请收回成命！"众人皆以为是公孙痤的谦让之举，也都呵呵笑了起来。魏王起身挽住公孙痤的臂膀，想拉他起来，却没拉动。"相国这是何意？快快起身，你之心意，本王尽知，勿要推辞！"公孙痤依旧跪着，直起身子，大声说道："王上，非臣矫情，王上心意，臣感激不尽，只是臣实在不能接受！"魏王好奇，众人惊诧，出将入相，不就是为了功名利禄吗，况且依公孙痤之功，也受之无愧，今日他这是怎么了？

就在众人不解之际，公孙痤缓缓说道："魏国士卒能奋勇杀敌、不避斧钺，皆因军纪严明，不畏强敌。而魏军如此，又得益于昔日上将军吴起整肃有方，而非臣之功；探查、研判山形地势，不避荆棘险阻，趋利避害，谨慎防守，助我决断，使大军不生迷惑，无后顾之忧，此乃副将巴宁、爨（cuàn）襄之功，也非臣之功；战前颁行诏令，战后论功过行赏罚，军卒信法、无不拼死建功，乃是王上明法守信之功，亦非臣之功；臣无非是对战局情势加以判断，审时而动，待机而攻，不敢有丝毫懈怠，不负王上重托罢了。今日王上将这胜战之功，全数归于臣下一人，恩赐之厚无以复加。然则，此战之功，又岂是臣下一人之力，还请王上收回成命！臣绝不敢独受！"顷刻间，掌声雷动，众人皆被公孙痤之言折服。魏王点头称道，不过赏赐还是要给的。魏王即刻传诏："遣得力之人，寻访吴起后人（吴起于公元前386年离开魏国，出任楚国令尹，在楚国实施变法。因变法得罪于楚国贵族，于公元前381年被谋杀，且死后被车裂。又一个被车裂的著名人物！），赏赐良田20万亩；副将巴宁、爨襄各赏良田10万亩。其余将卒，论功行赏、依过论罚。相国公孙痤，道德高洁，不居功自傲，谨记先贤、部属之功，善莫大焉。本王前言赏赐百万良田依旧予之，且再赏40万亩，以表彰其贤明，共计140万亩。"在震天动地的欢呼声中，魏王与公孙痤同车而坐，浩浩荡荡的回归王城。

《孙子兵法》有云：为将五德，智、信、仁、勇、严；周绍有言：为臣六则，知虑不躁达于变、身行宽惠达于礼、威严不足以易于位、重利不足以变其心、恭于教而不快、和于下而不危；公孙痤之举更是诠释了"对上不争锋、对下不争功"。管理者，将也，为将之人，须德才兼备，方能厚德载物、以德配位。

40 成功是下一个征程的起点

【原文】魏策一·魏武侯与诸大夫浮于西河

魏武侯与诸大夫浮于西河，称曰："河山之险，岂不亦信固哉！"王错侍坐，曰："此晋国之所以强也。若善修之，则霸王之业具矣。"吴起对曰："吾君之言，危国之道也；而子又附之，是重危也。"武侯忿然曰："子之言有说乎？"

吴起对曰："河山之险，不足保也；伯王之业，不从此也。昔者三苗之居，左彭蠡之波，右有洞庭之水，文山在其北，而衡山在其南。恃此险也，为政不善，而禹放逐之。夫夏桀之国，左天门之阴，而右天豀之阳，庐、皋在其北，伊、洛出其南。有此险也，然为政不善，而汤伐之。殷纣之国，左孟门而右漳、釜，前带河，后被山。有此险也，然为政不善，而武王伐之。且君亲从臣而胜降城，城非不高也，人民非不众也，然而可得并者，政恶故也。从是观之，地形险阻，奚足以霸王矣！"

武侯曰："善。吾乃今日闻圣人之言也！西河之政，专委之子矣。"

【典故演绎与职场映射】

吴起虽然在楚国施行变法而惨死，但因其在魏国时期功勋卓著，以及公孙痤的贤德、魏惠王的圣明，使其后人得以受赏，九泉之下的他也该瞑目了。吴起，战国初期军事家、政治家、改革家，兵家亚圣（兵圣孙武）。历仕鲁、魏、楚三国，通晓兵家、法家、儒家思想。公元前403年，随着三家分晋，魏国正式以诸侯国的身份登上了历史的舞台，首任国君即是雄才大略的魏文侯魏斯，他的身份有些特殊，其执政共计50年，只不过前42年是晋国的魏侯，后8年才是魏国国君。魏国建国伊始，西有秦、韩；南有楚国；北有赵国；东有齐国，地处中央，是个典型的四战之地。为了使魏国尽快摆脱困局，魏文侯率先启用李悝实行变法，首开列国变法先河。朝中文有李悝、翟璜为相，武有吴起、乐羊为将，更兼有西门豹、子夏、魏成等贤德之士的辅佐。

明君强臣组合爆发出巨大的威力，一时间国富兵强、开疆扩土，向西攻取秦国西河之地，向北伐灭中山国（后中山桓公复国，国力鼎盛，有战车9000乘。公元前296年，被赵国所灭），向东击破齐国大军，魏国一跃成为战国时期最先称霸的诸侯国。秉承了魏文侯打下的良好基础，其子魏武侯于公元前395年继位，在南征北战中又一次将魏国霸业推向了高潮。面对老魏家前无古人后无来者的丰功伟绩，武侯不由得有些沾沾自喜。

初夏时节，山野间的绿意还不是那么浓烈厚重，透彻的青翠让人心旷神怡。魏武侯久居宫中，不免有些憋闷，趁着雨后初晴，微风轻拂，何不出去游玩一番。想到此，武侯派人招呼王公近臣同去西河之地。乘船泛舟，好不惬意，武侯不由得赞叹道："山河俊秀、险隘坚固，魏国何惧天下。"近臣王钟闻言，赶紧附和道："君上所言极是，昔日晋国雄视诸侯，皆因有这固若金汤的河山天堑。今日尽数为我魏国所有，君上只需再加以修缮，魏国必定能独霸天下、终成王业。""好！说得好！诸位举杯，预祝魏国能早成霸业！"武侯大喜。众人皆举杯称喏。

"可笑至极！"猛不丁的一句不恭，将欢声笑语硬生生地截断了。众人不由得一惊：何人如此大胆，敢在这个时候扫兴。原来是魏国上将军吴起。众人见状，也都默默摇头，此刻也只有他敢如此行事了。武侯明显不悦，但吴起却未停下言语："适才君上所言，乃是危国之言，作为臣子不知劝谏，还满嘴迎合，如此魏国岂不危矣！"众人面面相觑，王钟脸上也挂不住了，但碍于吴起身份却不敢发作，斜眼里偷偷地瞄向武侯。武侯也刚好看向了王钟，目光交错，武侯自然心领神会，吴起也太放肆了。武侯不由得怒从心起，质问吴起："上将军所言何意，本侯之言怎么就成了危国之言，魏国怎么就有了亡国之危？"

吴起毫无惧色，起身说道："居安思危，方能国脉永续。国之图强，岂能依靠山河险要，成就霸业，又怎能凭借关隘之固。昔日三苗之地，左有彭蠡湖（今称鄱阳湖），右有洞庭湖，北依岐山（此为衡山山脉之一，并非宝鸡岐山），南靠衡山，四险环卫，但其乃化外之地，内政不休，终被禹帝攻破驱逐；夏朝左拥天门山之北，右抱天溪山之南，更兼庐山、峄山之险，伊水、洛水为南屏，怎奈夏桀无道，终被商汤灭国；而商朝左依孟门山，右托漳水、滏水，黄河拱卫，群山遮蔽，却因纣王荒淫，遂有武王伐纣。君上也曾率我等南征北战、四向伐国，攻陷了诸多关隘，踏破了不少天堑，诚然，被夺之地哪一个不是城墙高垒、固若金汤，哪一个又不是兵精粮足、军力强盛。为何还是能被我魏军破之、取之、占之，皆因其据险自足、恃功懈怠、自负骄狂、朝政腐朽、民声鼎沸、军纪松弛、士卒畏战。如此这般，这山河险要，于王图霸业有何益处？"武侯也是戎马出身，吴起一番言语，自然令其醍醐灌顶。当下，武侯对众人言明："今日本侯之言确实有失思量，上将军一语切中要害，我等皆要引以为戒。本侯决定，由上将军出任西河郡守，内修明政、外御西秦。"

吴起出任西河郡守后，励精图治，练兵整训，改革魏国兵制，创立武卒制。而魏武卒与秦锐士、赵边骑、齐技击、燕死士、韩材士、楚舟师并称为战国时最强悍的特种军团。同时，随着西河学派的兴起，为弘扬和发展儒家思想，以及前期法家思想的成长起了很大的推动作用。魏国也由此成为战国初期天下的文化中心。

魏国历经文侯、武侯、惠王三代127年，国力鼎盛、经济发达、人才辈出、军事强悍。一度将秦国压制在洛水以西长达80年之久，也曾离天下独尊仅仅数步之遥。却因后期自满而裹足不前，没能迈向下一个征程。自魏惠王以后，被秦国渐渐的赶超、打压，加之列国之间纷乱不止，合纵尔虞我诈，被秦国逐一攻破，魏国也最终在公元前225年被秦所灭。

魏国的历史画上了句号，而吴起的谏言却历久弥新。企业发展有4个阶段——创业期、成长期、平稳期、衰退期/持续发展期。为什么很多企业会在平稳期轰然倒下，就是因为被胜利冲昏了头脑。清醒而客观地面对"胜"，是常胜与短胜、大胜与小胜的关键。

我们更容易在失败时，总结经验教训。而一旦成功了，就将过程中遭遇的困难、反复、缺陷抛之脑后，一心沉浸在胜利的喜悦当中。现代企业管理中有种理念叫作"持续改进"，它的概念是增强满足要求的能力的循环活动。请注意这其中的三个词组："增强""满足要求的能力""循环活动"。"增强"是提升的意思，要求的是完善和突破；"满足要求的能力"既包含满足外部客户的要求，也包含满足内部成员的要求；"循环活动"，就是持续往复、坚持不懈。

很多企业都做过ISO 9000质量管理体系认证，最终通过认证后，那一整套的管理文件是在切实执行呢，还是成了炫耀的摆设？许多行业都有等级认证，例如医疗行业分为三级十等、物业行业的资质分为四级，旅游景区分为五个等级，宾馆酒店分为五星等级等。在晋级、申报、认证过程中，企业需要耗费大量的人力、物力、财力、精力，按照认证标准，去完善和提升各项指标的内容。通过一段时间的不懈努力，终于达到要求，成功认证。在这个过程中，全员参与，严格按照标准规范执行，对企业管理确实有非常积极的促进意义。然而验收认证通过后，结果就不一样了，有些企业能够坚持标准，规范执业，使认证的结果得以保持。而有些企业在取得资质后，又回归到认证前的状态，资料慢慢开始缺失，行为渐渐不规范起来。等到复审的时候，再经历一次手忙脚乱的疲于应付。通过认证后又被取消资格的企业，也不在少数。有句话叫作"成功是下一个征程的起点"，但是太多时候我们却用现实行动，诠释着"成功是一次征程的终点"，不再去反思，也不再对存在的问题进行分析改进，就这样喜形于色地快乐着，且快乐地走向了衰退。